AF533801

Einleitung

Der Nationalsozialismus ist auch gegenwärtig nach über 70 Jahren noch ein zentrales Thema in der Geschichtskultur, der Geschichtswissenschaft und dem kollektiven Gedächtnis der Deutschen. Film, Fernsehen und Printmedien sorgen für eine nicht abreißende Präsenz der Thematik. Aber auch in der Fachwissenschaft ist die Auseinandersetzung mit dem Nationalsozialismus weiterhin aktuell und lebendig, was vor allem die Debatte über die „Volksgemeinschaft" zeigt. Parallel dazu lässt sich mit Norbert Frei aber eine „Zäsur in unserem Verhältnis zur NS-Geschichte" (Frei, 2005) beobachten, weil die Zeitzeugen nach und nach verschwinden. Der Nationalsozialismus ist damit für die meisten Deutschen inzwischen keine erlebte Vergangenheit mehr, sondern Geschichte, womit die „Arena der Erinnerungen" (Frei, 2005) eröffnet ist. In dieser Phase des Übergangs geht es um die Frage, welches Deutungsmodell sich hinsichtlich dieser für das deutsche Selbstverständnis so zentralen Zeit des Nationalsozialismus durchsetzen und welchen Stellenwert die Zeit im kollektiven Gedächtnis der Deutschen haben wird. Dieser Band soll den Lernenden ermöglichen an den Diskursen über die deutsche Gesellschaft im Nationalsozialismus teilzunehmen, indem sie ein fachwissenschaftlich fundiertes, reflektiertes Verständnis dieser Thematik entwickeln, das ihnen Orientierung in der Gegenwart ermöglicht.

Gegenstand dieses Bandes sind die Jahre zwischen 1933 und 1939, die in der Erinnerung der Zeitgenossen vielfach noch als die „guten Jahre" in Erinnerung sind. Vor dem Hintergrund der neuesten Forschungen zur „NS-Volkgemeinschaft" soll die deutsche Gesellschaft und damit die Rolle der Deutschen im Nationalsozialismus in den Blick genommen werden.

Forschungsstand

Der Begriff der „Volksgemeinschaft" charakterisiert als Idealtypus die nationalsozialistische Gesellschaftsordnung. Als sozialpolitisches Ordnungsmodell, das seine Fundierung in der nationalsozialistischen Ideologie fand, sollte die Volkgemeinschaft in der praktischen Umsetzung eine Gemeinschaft der Volksgenossen hervorbringen, in der gesellschaftliche Interessenunterschiede aufgehoben und das Volk als Rasse zu einer Einheit werden sollte. Das Schicksal des Einzelnen war bedeutungslos und in den Dienst der Gemeinschaft gestellt. Die Zugehörigkeit zur Volksgemeinschaft war biologisch, d. h. über die Rasse bestimmt. Juden, Sinti und Roma oder geistig und körperlich Behinderte und Homosexuelle entsprachen nicht den rassischen Kriterien der NS-Ideologie und wurden ausgegrenzt und ermordet. Praktisch bedeutete die Etablierung der Volksgemeinschaft, dass zum einen das Volk, die Deutschen, durch Inklusion zu einer Gemeinschaft gemacht werden sollte. Zum anderen, dass durch Exklusion diejenigen, die den rassischen Kriterien nicht entsprachen, ausgeschlossen und vernichtet wurden.

Die Volksgemeinschaft sollte durch die Inszenierung und Postulierung von Gleichheit und Gemeinschaft ebenso wie durch eine Sozialpolitik geschaffen werden, die die Menschen unterschiedlichster Klassen in den Staat integrierte. Mit der „Machtübernahme" der Nationalsozialisten veränderten sich die deutsche Gesellschaft und zugleich der Alltag der Menschen. Im politischen, gesellschaftlichen, wirtschaftlichen und kulturellen Bereich zeigten sich teilweise gravierende Einschnitte. Für die Arbeiter beispielsweise, die damals noch etwa 60 Prozent der Gesamtbevölkerung ausmachten, stellten sich sukzessive erkennbare Verbesserungen ein. Die Arbeitslosigkeit wurde abgebaut, die Menschen konnten anders als noch in der Weimarer Republik mit der Sicherheit des Arbeitsplatzes rechnen und nach und nach verbesserten sich auch die Lebensverhältnisse. Die Veränderungen der Arbeits- und Lebensverhältnisse ließen das Versprechen von der Volksgemeinschaft damit mehr und mehr glaubwürdig erscheinen. Hinzu kam, dass durch Rituale und Inszenierungen von Gemeinschaft, wie beispielsweise beim Reichsparteitag, bei KdF-Reisen oder dem Eintopfsonntag, den Menschen Erlebnisse von Gemeinschaft ermöglicht wurden. Tatsächlich entwickelte sich in Teilen der Bevölkerung insbesondere in den Jahren zwischen 1935 und 1938 der Gefühlszustand einer Volksgemeinschaft, der zu wesentlichen Teilen die Zustimmung und die Integrationsbereitschaft fast der gesamten deutschen Nation erklärt. Die Inszenierung und Manipulation von Seiten des Regimes sind dabei allerdings nur die eine Seite. Vielfach wurden die Angebote des NS-Staates bereitwillig angenommen und man integrierte sich freiwillig ins System. Die Bereitschaft zum Spenden für die NS-Wohlfahrtsorganisationen, die Bereitschaft zum Engagement in den verschiedenen NS-Massenorganisationen sind Belege hierfür.

Inklusion und Exklusion waren bei der Herausbildung der Volksgemeinschaft von Beginn an notwendig aufeinander bezogen. Prozesse der Abgrenzung gegenüber anderen bzw. anderem sind typisch für fast alle Formen von Gesellschaften, insbesondere Nationalstaaten. Im Nationalsozialismus trat diese Abgrenzung verbunden mit Ausgrenzung allerdings in einer Radikalität zu Tage, die einen katastrophalen Prozess der Vernichtung mündete, weshalb sie eine gänzlich andere Qualität besaß. Diese Prozesse der Ausgrenzung von Kranken, Behinderten, Juden und anderer fanden vor den Augen der Deutschen und mit deren aktiver Beteiligung statt. Die Exklusion in ihren unterschiedlichsten Dimensionen physischer oder psychischer Diskriminierung und Gewalt war Teil des Alltags zur Zeit des Nationalsozialismus. Durch Prozesse der Ausgrenzung „Gemeinschaftsfremder" wurde die Volksgemeinschaft im Grunde erst konstituiert, weil sich die Einheit und Zusammengehörigkeit erst durch Abgrenzungen entwickelten und in der Praxis moralische Normverschiebungen etabliert wurden. Die unterschiedlichsten Formen der Demütigung, Ausgrenzung und Gewalt machten die Gemeinschaft ebenso erfahrbar und legitimierten diese, wie es für NS-Massenveranstaltungen der Fall war. Für die Volksgenossen galten weiterhin Rechtssicherheit und Fürsorge, man profitierte etwa von Enteignungen oder empfand durch die Herabstufung Gemeinschaftsfremder eine persönliche Aufwertung. Zudem bildete die Erneuerung der Nation durch Exklusion ein Versprechen für die Zukunft, das vielen Deutschen damals attraktiv erschien und die Ausgrenzung und „Vernichtung" der Volksfeinde als notwendige Konsequenz einsichtig machte. Dies alles sind Faktoren, die auf der alltäglichen persönlichen Ebene erklären, warum die Prozesse von Ausgrenzung und Vernichtung größtenteils mit Indifferenz und Zustimmung von den Menschen begleitet wurden.

Allerdings dürfen bei der Beschäftigung mit der Volksgemeinschaft Anspruch bzw. Inszenierung und Wirklichkeit nicht in eins gesetzt werden. Denn zwischen 1933 und 1945 war die NS-Gesellschaft kein statisches Gebilde, sondern es lassen sich Wandlungen beobachten und das Verhältnis der Deutschen zum Nationalsozialismus war einer Entwicklung unterworfen. Zustimmung und Kritik, Konsens und Dissens standen in einem steten Mischverhältnis. Hinzu kommt, dass anders als es von vielen Zeitgenossen wahrgenommen wurde, die tatsächlichen Verhältnisse eher in die entgegengesetzte Richtung gingen, was beispielsweise Aspekte sozialer Ungleichheit wie die Vermögensverteilung betrifft.

Neben dem Versprechen der Volksgemeinschaft war es der Führerkult, durch den Integration und Zustimmung geschaffen wurden. Die Inszenierung Hitlers als Führer auf der einen und die Bereitschaft der Deutschen, ihn als Führer zu akzeptieren, auf der anderen Seite schufen eine starke Bindung zwischen Volk und Regime.

Geschichtskultur und kollektives Gedächtnis

Im Vergleich zu den Tendenzen in der Fachwissenschaft zeichnen populäre Produkte der Geschichtskultur der letzten Jahre sowie das kollektive Gedächtnis der Deutschen, insbesondere die Erinnerung in den Familien, in vielen Fällen ein gänzlich anderes Bild vom Alltag und von der Rolle der Deutschen im Nationalsozialismus.

Interessant ist in diesem Zusammenhang die Untersuchung von Harald Welzer zur Tradierung bzw. Entwicklung von Erinnerung an den Nationalsozialismus in deutschen Familien (Welzer 2015). Hierbei kommt er zu dem Ergebnis, dass die Geschichten, die über die Rolle der Verwandten in der NS-Zeit erzählt werden, von Generation zu Generation positiver werden. Etwa die Hälfte der Gesamtbevölkerung sei gegenwärtig der Auffassung, dass die eigenen Angehörigen dem Nationalsozialismus negativ oder sogar sehr negativ gegenübergestanden hätten. Er erklärt die positiven Erzählungen damit, dass ein verhältnismäßig großes Wissen über die NS-Zeit und den Holocaust vorhanden sei, was dazu führe, dass man bemüht sei, die eigenen Verwandten zu entlasten, gerade weil einem die Schrecken bekannt seien.

In der gegenwärtigen Geschichtskultur, insbesondere in Film und Fernsehen, zeichnet sich in den letzten Jahren eine Entwicklung ab, die durch eine Konzentration auf den Zeitzeugen gekennzeichnet ist. Dabei rücken die Menschen und ihre Erzählungen gegenüber Strukturen und Komplexen in den Vordergrund. Filme oder Dokumentationen konzentrieren sich viel häufiger auf das Schicksal des „gewöhnlichen Deutschen", um dadurch Anschaulichkeit und Konkretisierung zu erreichen. Zugleich verbindet sich damit eine zweite Entwicklung, denn es zeigt sich zunehmend, dass den Zwängen und Einstellungen der Menschen mehr Verständnis entgegengebracht werden, was teilweise mit einem „Perspektivenwechsel – von den Opfern der Deutschen zu den Deutschen als Opfern" (Frei, 2005) einhergeht, wie Norbert Frei feststellt. Der ZDF-Dreiteiler „Unsere Mütter, unsere Väter" kann dafür als Beleg genommen werden.

Es ist davon auszugehen, dass das Wissen und die Vorstellungen der Schülerinnen und Schüler über den Nationalsozialismus wesentlich durch familiäre Erinnerung und Medien geprägt werden. Deshalb soll in dem Band auch jeweils in exemplarischer Weise die Erinnerungsgeschichte der NS-Zeit aufgegriffen werden, um es den Lernenden zu ermöglichen ein kritisches Bewusstsein zu entwickeln. Im Sinne eines Gegenwartsbezuges soll auch den Fragen, wie Erinnerung entsteht und welche Bedeutung die Erinnerung an die NS-Zeit heute in gesellschaftlichen und politischen Kontexten hat, nachgegangen werden, um im Sinne einer Kompetenzorientierung den Schülerinnen und Schülern über historisches Lernen und Denken Orientierung in der Gegenwart zu ermöglichen.

Didaktik und Methodik

Dieser Band veranschaulicht den Lernenden, dass der Nationalsozialismus als Herrschafts- und Gewaltregime nur funktionieren konnte, weil ein Großteil der Menschen bereit war, ihn zu akzeptieren, sich in die Strukturen zu integrieren, sich im Sinne des Nationalsozialismus für die Volksgemeinschaft zu engagieren und Menschen, die aus ideologischen Gründen nicht zur Volksgemeinschaft gehören sollten, auszugrenzen. Dabei sollen sowohl Strategien zur Manipulation und Integration von Seiten des Regimes als auch Wahrnehmungen und Motive der Menschen in den Blick genommen und in ihrer Wechselwirkung analysiert werden. Damit soll den Lernenden die NS-Herrschaft als soziale Praxis verständlich gemacht werden. Insbesondere sollte ihnen deutlich werden, wie stark die Inklusion und die Exklusion bei der Herausbildung der Volksgemeinschaft in der NS-Herrschaftspraxis zusammenhingen. Um den Lernenden ein besseres Verständnis zu ermöglichen, wurden die Arbeitsblätter fast durchgängig im Sinne des Prinzips der Personifizierung und der Multiperspektivität konzipiert. Vor allem wird immer wieder die Perspektive des „einfachen Mannes" aufgegriffen. Es handelt sich deshalb um einen weniger politikgeschichtlichen, sondern stärker sozial- und mentalitätsgeschichtlichen Zugang. Dies bietet die Möglichkeit Wahrnehmungen, Haltungen und Motive der Menschen dieser Zeit zu erschließen. Die Einbeziehung dieser Erfahrungsgeschichte soll den Lernenden ein komplexeres und differenziertes Verständnis des Nationalsozialismus ermöglichen, weil übergreifende Strukturen und Zusammenhänge an Fallbeispielen konkretisiert werden können.

Im Sinne einer didaktischen Reduktion war eine Beschränkung auf ausgewählte Beispiele von Inklusion und Exklusion notwendig. Dabei wurde versucht, Themen wie die Organisation Kraft durch Freude, die Reichsparteitage als Inszenierung von Gemeinschaft oder die „Rasseschande"-Aktionen als Beispiel für Ausgrenzung im Alltag, die exemplarisch für Ereignisse und Prozesse in der NS-Gesellschaft stehen, aber in gängigen Schulbüchern eher selten ausführlicher anzutreffen sind, in den Vordergrund zu rücken. Themen wie Jugend oder Frauen im Nationalsozialismus, die in Schulbüchern häufig zu finden sind, wurden deshalb hier nicht aufgegriffen. Ebenso musste der Aspekt des Terrors und der Repression außen vor bleiben. In der vorliegenden Auswahl kann der Band als Ganzes oder in Auswahl als Ergänzung zum Schulbuch genutzt werden.

Als Einstieg in die Unterrichtseinheit wird den Lernenden ein Propagandaplakat zur Volksgemeinschaft und eine Fotografie zur Ausgrenzung aus der Volksgemeinschaft präsentiert. Im Sinne eines problemorientierten Geschichtsunterrichts werden dann ausgehend davon Fragen zu dem Thema „Die Deutsche Gesellschaft zwischen 1933 und 1939" formuliert. Ausgehend von den Materialien könnten beispielsweise folgende Fragen formuliert werden:

- Was war die Volksgemeinschaft?
- Wer gehörte dazu?
- Warum wurden Menschen ausgegrenzt?
- Gab es Widerstand gegen Ausgrenzung?
- Welche Handlungsspielräume haben Menschen in einer Diktatur?
- Welche Motive bewegten zum Mitmachen, zur Skepsis oder zur Verweigerung?

Der Band gliedert sich dann in fünf Kapitel, die zentrale Aspekte der NS-Gesellschaft abbilden. Zunächst wird in einem ersten Teil die Volksgemeinschaft als Sozialordnungsmodell und deren ideologische und praktische Implikationen thematisiert. In einem zweiten Teil wird die Inklusion als zentraler Aspekt am Beispiel des Reichsparteitages und anhand der Integration der Arbeiterschaft behandelt. Hier stehen jeweils Inszenierungs- und Integrationsstrategien und die Wahrnehmung bzw. die Motive der Bevölkerung zu Integration oder Verweigerung im Vordergrund. Im dritten Teil wird dann der Aspekt der Exklusion am Beispiel der Bedeutung der Nürnberger Rassegesetze im Alltag und der Demütigung von „Rasseschändern" exemplarisch behandelt, um die soziale Praxis der Ausgrenzung für die Lernenden verständlich zu machen. Der folgende Teil behandelt den Führerkult als zentrales Element der Integration der Bevölkerung in das NS-Regime. In dem letzten Teil wird anhand zweier Historikerurteile die Kontroversität historischer Urteile repräsentiert. Dieser Teil ist insbesondere für die Sekundarstufe II geeignet.

Ausgangspunkt sollen bei der Behandlung aller Themenblöcke im Sinne der Kompetenzorientierung und des problemorientierten Geschichtsunterrichts Fragestellungen der Schüler sein. Bei den unterschiedlichen Themenkomplexen bietet jeweils eine Quelle zu Beginn eine problemorientierte Einstiegsmöglichkeit, von der aus Fragen und Hypothesen entwickelt werden können. Durch die Bearbeitung der Arbeitsblätter können die Fragestellungen dann selbstständig durch die Schüler beantwortet werden. Abschließend werden die Schülerinnen und Schüler durchgängig zur Urteilsbildung aufgefordert und Aktualitätsbezüge ermöglichen die Orientierung der Lernenden in der Gegenwart und machen die Bedeutung historischen Denkens hierfür einsichtig. Mit dieser Konstruktion ist nach dem Kompetenzmodell von Peter Gautschi der Prozess historischen Denkens von der Frage über die Sachanalyse hin zu Sach- und Werturteil abgebildet. Die einzelnen Themenkomplexe können dabei sowohl gemeinsam im Klassenverband als auch in arbeitsteiliger Gruppenarbeit bearbeitet und anschließend als Vortrag mit Plakatpräsentation vor dem Plenum vorgestellt werden.

Abgeschlossen wird die Unterrichtseinheit mit der Frage, welchen Platz die Thematik in der deutschen Erinnerung auch mit Blick auf aktuelle politische und gesellschaftliche Entwicklungen haben sollte. Hierzu sollen die Schülerinnen und Schüler eigene Vorschläge zu Form und Inhalt der Erinnerung formulieren und anschließend diskutieren, womit wiederum die Urteilsbildung gefördert wird.

Am Ende bietet sich die Möglichkeit einer Leistungsüberprüfung anhand einer Karikatur, die von den Lernenden interpretiert werden soll. Die Karikatur zeigt im oberen Bild das Ideal der Volksgemeinschaft, wo alle an einem Strang ziehen. Hier sind Männer aus unterschiedlichen sozialen Milieus (Intellektueller mit Brille, Wehrmachtsoldat mit Stahlhelm, Arbeiter mit Schiebermütze, SA-Mann mit Armbinde) abgebildet, die einen schweren Felsblock ziehen. Im unteren Bild wird dem idealtypisch eine Situation des Gegeneinanders und der Zerrissenheit gegenübergestellt, wo ebenfalls Männer aus unterschiedlichen Milieus gegeneinander ziehen (links: zwei Arbeiter mit Schirmmütze, Industrieller mit Zylinder und Bürgerlicher; rechts: (französischer?) Soldat, katholischer Priester und ein Intellektueller oder Bankier (?) mit Spitzbart). Es handelt sich um eine agitatorisch propagandistische Karikatur, die das Ideal der Volksgemeinschaft und des NS-Staates herausstellt und die Staatsform der Demokratie diskreditiert.

M1 Zwischen Vereinnahmung und Ausgrenzung

Öffentliche Demütigung einer Frau, Altenburg (Thüringen), 7. Februar 1942:

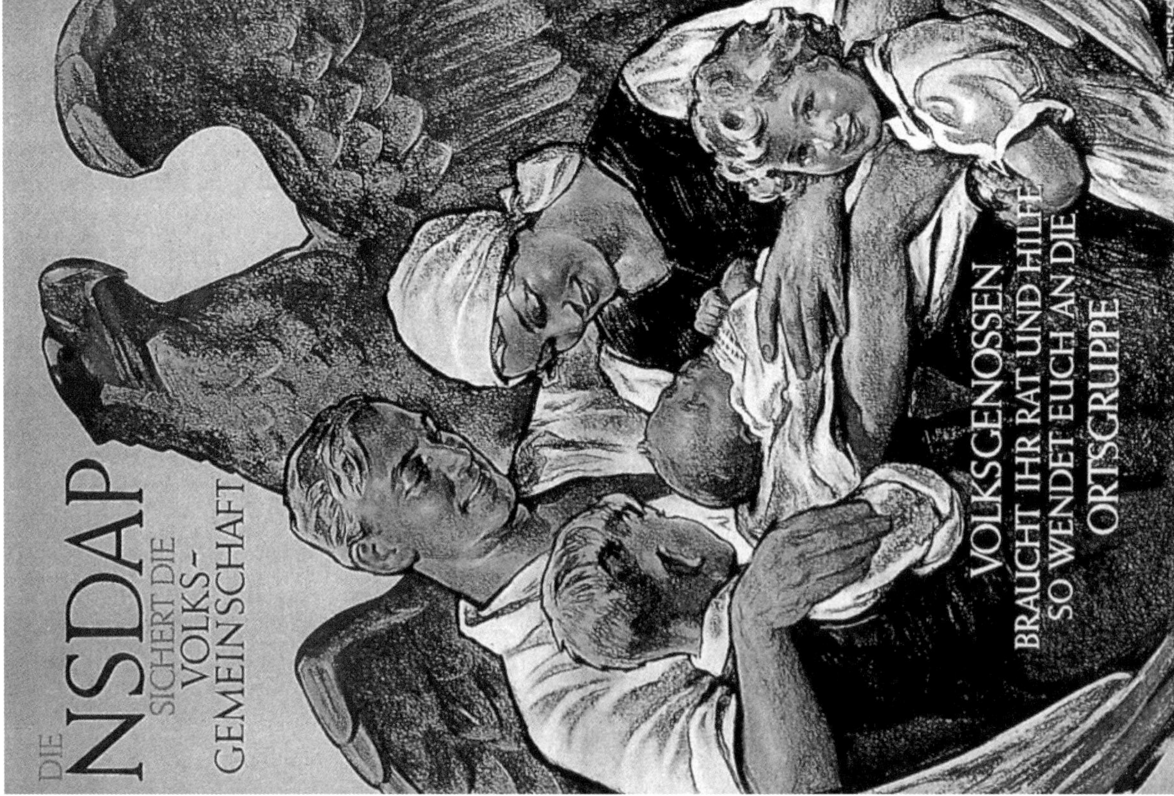

Plakat der NSDAP zwischen 1933 und 1939:

copy

1. Interpretiere das Plakat und die Fotografie.
2. Entwickle ausgehend von den beiden Materialien Fragestellungen, die du im Unterricht behandeln möchtest.

© Wochenschau Verlag

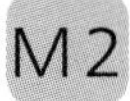

M2 Die „Volksgemeinschaft“ als nationalsozialistisches Gesellschaftsmodell

Die beiden Historiker Winfried und Dietmar Süß beschreiben die Merkmale des nationalsozialistischen Modells der Volksgemeinschaft:

Die Nationalsozialisten hatten eine Vision: Über alle „Klassen und Stände, Berufe, Konfessionen und alle übrige Wirrnis des Lebens hinweg“ wollten sie die Nation zu einer „engen Volksgemeinschaft“ zusammenschmieden. Eine Gesellschaft ohne Interessensgegensätze, in der jeder den ihm zugewiesenen Platz einnahm und seine Aufgaben im Dienste der Gemeinschaft zum Wohl aller erfüllte – das war Hitlers Erwartung. Dies richtete sich gegen die Weimarer Demokratie, die die Vielfalt individueller Interessen und Wertvorstellungen in einer modernen Industriegesellschaft anerkannt, soziale Konflikte in Kauf genommen und Verfahren etabliert hatte, um diese auszutragen und Interessensgegensätze zu vermitteln. In den Augen vieler Zeitgenossen war die erste deutsche Demokratie damit jedoch gescheitert, denn enorme soziale Spannungen, die gegenseitige Blockade der politischen Lager und der Eindruck lähmender Stagnation hatten ihre Geschichte bestimmt. Daher besaßen harmonisierende Sozialordnungsmodelle wie die Idee der „Volksgemeinschaft“ über das rechte Lager hinaus große Anziehungskraft, konnten sie doch vorgeben, einen Ausweg aus den als irritierend komplex empfundenen Verhältnissen seit dem Ende des Ersten Weltkrieges anzubieten. [...]

Die nationalsozialistische „Volksgemeinschaft“ verstand sich zuvörderst als Abstammungsgemeinschaft. Die Zuordnung zu einer Rasse aufgrund der biologischen Herkunft und bestimmter körperlicher Merkmale wurde in dieser Sichtweise zum entscheidenden beziehungsstiftenden und strukturierenden Faktor der Sozialordnung. Sie entschied über die Stellung des Einzelnen in der sozialen Hierarchie. Die Zugehörigkeit zur „Volksgemeinschaft“ konnte man daher nicht wie die Staatsbürgerschaft durch Beitritt erwerben; man wurde in sie hineingeboren. Hier verschmolzen unterschiedliche Traditionsstränge biologistischen Denkens zu einem rassistischen Modell für die Neuordnung der Gesellschaft, das für sich in Anspruch nahm, auf der Höhe naturwissenschaftlicher Erkenntnisse zu argumentieren. Es verweigerte das Recht auf Gleichheit ebenso radikal wie die Legitimität von Unterschieden und erhob die Aussonderung alles Andersartigen und Nicht-Konformen zum Programm.

Süß, Dietmar/Süß, Winfried: „Volksgemeinschaft und Vernichtungskrieg“. Gesellschaft im Nationalsozialistischen Deutschland, in: Süß, Dietmar/ Süß, Winfried (Hrsg.): Das „Dritte Reich“. Eine Einführung, München 2008, S. 79-100.

Die ehemalige BdM-Führerin Melita Maschmann (1918-2010) erinnert sich 1979 an ihre Wahrnehmung der „Volksgemeinschaft“:

Keine Parole hat mich je so fasziniert wie die von der Volksgemeinschaft. Ich habe sie zum ersten Mal aus dem Mund der verkrüppelten und verhärmten Schneiderin gehört, und am Abend des 30. Januar bekam sie einen magischen Glanz. Die Art dieser ersten Begegnung bestimmte ihren Inhalt. Ich empfand, dass sie nur im Kampf gegen die Standesvorurteile der Schicht verwirklicht werden konnte, aus der ich kam, und dass sie vor allem den Schwachen Schutz und Recht gewähren musste. Was mich an dieses phantastische Wunschbild band, war die Hoffnung, es könnte ein Zustand herbeigeführt werden, in dem die Menschen aller Schichten miteinander leben würden wie Geschwister. [...]

Es ist merkwürdig: Die „sozialistische“ Tendenz, die im Namen dieser „Bewegung“ zum Ausdruck kam, zog mich an, weil sie mich in der Opposition gegen mein konservatives Elternhaus stärkte. Im Gegensatz dazu wurde die nationale Tendenz mir bedeutsam, gerade weil sie dem Geist entsprach, der mich dort seit früher Kindheit durchdrungen hatte. [...]

Aber meine Kindheitserlebnisse entsprachen den Erlebnissen einer ganzen Generation, die damals im rechtsgerichteten Bürgertum heranwuchs und aus der später viele junge Führungskräfte der nationalsozialistischen „Bewegung“ und der Wehrmacht des „Dritten Reiches“ kamen. [...]

Maschmann, Melita: Fazit. Mein Weg in der Hitler-Jugend. Nachwort von Helga Grebing. München 1979, S. 8-21.

1. Arbeite aus dem Text von Winfried und Dietmar Süß heraus, welche Merkmale die Volksgemeinschaft als Gesellschaftsmodell kennzeichneten.
2. Erläutere ausgehend von dem Text von Winfried und Dietmar Süß und unter Rückgriff auf dein Vorwissen, inwiefern sich das Modell der Volksgemeinschaft von den gesellschaftlichen Verhältnissen der Weimarer Republik unterschied.
3. Bewerte die Volksgemeinschaft als gesellschaftliches Modell. Berücksichtige dabei Werte und Prinzipien unserer gegenwärtigen Gesellschaft.
4. Analysiere, wie Melita Maschmann die Idee der Volksgemeinschaft aufnahm.

copy

© Wochenschau Verlag

M 1 Der Reichsparteitag als Massenveranstaltung und Ritual

NSDAP-Reichsparteitag 1934, Totenehrung am 9. September während des Appells von SA und SS in der Nürnberger Luitpoltarena:

Bundesarchiv,
Bild 102-04062A, Foto: unbekannt.

Der Parteitag 1934 wurde von der Regisseurin Leni Riefenstahl in dem Film „Triumph des Willens" festgehalten. Nach seiner Erstaufführung am 28. März 1935 lief er in 70 deutschen Städten an und wurde auch in Schulen verpflichtend gezeigt. Das Bild zeigt den Appell des Reichsarbeitsdienstes.

Filmbild:
Triumph des Willens,
Deutschland 1935.

1 Interpretiere die Fotografie und das Filmbild aus „Triumph des Willens" und entwickle ausgehend davon Fragen, die du gerne im Unterricht behandeln würdest.

copy

© Wochenschau Verlag

Im Ausstellungskatalog des Dokumentationszentrums Reichsparteitagsgelände Nürnberg wird die Organisation und Bedeutung der Reichsparteitage folgendermaßen beschrieben:

Die Reichsparteitage dienten der inneren und äußeren Selbstdarstellung und sollten die „Volksgemeinschaft" und den „Führer"-Mythos in Szene setzen. Paraden, die Allgegenwart der Uniformen und militärische Vorführungen standen in direktem Bezug zur Kriegsvorbereitung des NS-Staates. Vor allem aber appellierten die Reichsparteitage an die Gefühle der Teilnehmer und Zuschauer. Politik sollte hier nicht begriffen oder verstanden, sondern „erlebt" werden. Die Inszenierung wurde zur politischen Botschaft. Seit 1933 liefen die Parteitage weitgehend nach den gleichen Ritualen ab. Massenaufmärsche, militärische Darbietungen, Reden, Tagungen der NS-Organisationen, Propagandaausstellungen, Volksfeste, Feuerwerke sowie Konzerte und Opernaufführungen füllten die Tage. Bei ihrer Selbstdarstellung bediente sich die NSDAP vieler Traditionen. Christliche und mutmaßlich germanische Bräuche gehörten ebenso dazu wie militärische Rituale, Elemente der bürgerlichen Festkultur, politische Ausdrucksformen der Arbeiterbewegung oder Inszenierungen des italienischen Faschismus. [...]

Die Parteitage dauerten 1933 fünf, seit 1934 sieben und ab 1937 acht Tage. Jeder Tag stand unter einem Motto. Bis zu eine Million Menschen kamen jedes Jahr zu den Reichsparteitagen nach Nürnberg. Nur wenige erkannten die unterschwellige Gewalt hinter der Faszination, die eine geschickte Parteitagsregie stets aufs Neue zu erzeugen verstand. [...]

Den Höhepunkt des Parteitags stellte der Appell von rund 100.000 Parteisoldaten am „Tag der SA und SS" mit „Totengedenken" und „Blutfahnenweihe" in der Luitpoldarena dar. Daran schloss sich ein stundenlanger Umzug durch die Stadt an, vorbei an Hitler, der die Parade am Hauptmarkt abnahm.

Museen der Stadt Nürnberg (Hrsg.): Faszination und Gewalt. Dokumentationszentrum Reichsparteitagsgelände Nürnberg, Nürnberg 2006, S. 54-58.

M2 Erlebnis Reichsparteitag? Wahrnehmung der Zeitgenossen

Aus dem Tagebuch des amerikanischen Journalisten William L. Shirer über die Wirkung von Hitlers öffentlichen Auftritten anlässlich des Nürnberger Parteitags der NSDAP im September 1934:

5. September. [...] Die Eröffnungssitzung heute Morgen in der Luitpoldhalle am Stadtrand von Nürnberg war mehr als eine glänzende Schauveranstaltung; [...] Hitlers Auftritt wurde dramatisch arrangiert. Die Kapelle hörte plötzlich auf zu spielen. Die dreißigtausend Menschen in der Halle verstummten.

Dann intonierten die Musiker den Badenweiler Marsch, eine sehr eingängige Melodie, die – wie man mir sagte – nur bei Hitlers großen Auftritten erklingt. Hitler erschien im Hintergrund des Saals; begleitet von seinen Adjutanten und von Göring, Goebbels, Heß, Himmler und anderen schritt er langsam den breiten Mittelgang entlang nach vorn, während sich dreißigtausend Hände zum Gruß erhoben. Das ist ein Ritual, sagen die Kenner der Szene, welches immer so abläuft.

Dann spielte ein großes Sinfonieorchester Beethovens „Egmont-Ouvertüre". Riesige Scheinwerfer strahlten die Bühne an, auf der Hitler saß, umgeben von etwa einhundert Parteifunktionären sowie Armee- und Marineoffizieren. Hinter ihnen die „Blutfahne", die man beim misslungenen Putsch durch die Straßen Münchens getragen hatte. Sie ist umgeben von vier- oder fünfhundert SA-Fahnen.

Als die Musik geendet hatte, erhob sich Rudolf Heß, Hitlers engster Vertrauter, und verlas langsam die Namen der Nazi-„Märtyrer", Braunhemden, die beim Kampf um die Machtergreifung getötet worden waren – ein Totenappell. Und die dreißigtausend schienen sehr bewegt zu sein. In einer solchen Atmosphäre verwundert es dann auch nicht, dass jedes Wort Hitlers wie eine göttliche Eingebung entgegengenommen wird. [...]

10. September. [...] Nach sieben Tagen beinahe pausenlosen Stechschritts, von Ansprachen und Massenveranstaltungen, ist der Parteitag heute Abend beendet worden. Obwohl ich todmüde bin und Massen nicht mehr sehen kann, war es doch gut, dass ich hierher gekommen bin. Man muss so etwas miterleben, um die Faszination zu verstehen, die Hitler auf das Volk ausübt, die Dynamik zu fühlen, die er in seiner Bewegung entfesselt, und die direkte, disziplinierte Stärke, die die 100.000 Deutschen besitzen. Jetzt wird die halbe Million Männer, die während der vergangenen Woche sich hier versammelten, in ihre Städte und Dörfer zurückkehren und – wie Hitler gestern vor Korrespondenten seine Strategie erklärte – die neue Lehre mit neuem Fanatismus verkünden.

Shirer, William S.: Berliner Tagebuch. Aufzeichnungen 1934-1941, übertragen und herausgegeben von Jürgen Schebera. Leipzig 1991, S. 22.

1. Arbeite aus den Bildern und dem Text des Dokumentationszentrums heraus, welche Absicht das Regime mit der Inszenierung der Reichsparteitage verfolgte.
2. Informiere dich über die Reichsparteitage und kläre, warum Nürnberg dafür ausgewählt wurde.
3. Analysiere, welche Funktion die Veröffentlichung des Films „Triumph des Willens" oder solcher Bilder beispielsweise im Völkischen Beobachter hatte, und beurteile den Quellenwert solcher Aufnahmen.

copy

© Wochenschau Verlag

Der Jude Arno Hamburger (1923-2013) erinnert sich an die Reichsparteitage in Nürnberg:

An den Reichsparteitagen war es für uns immer besonders problematisch. Zum einen waren die Parteitage meistens während unserer hohen Feiertage, also Neujahr und Versöhnungstag. Nun, wir Jugendlichen, wir Kinder sind ja damals sehr oft zwischen den Synagogen hin- und hergewechselt und wenn wir dann mit unseren Gebetbüchern uns dort durch die Menge gedrängt haben, war das ja eine Art Abenteuer, denn man wusste genau, wenn man erwischt wird, mit einem jüdischen Gebetbuch unterm Arm, dass dann der Teufel los ist. Man hat sich ja sehr bemüht, bei Umzügen von der Straße zu verschwinden, denn es war ja Pflicht, die Hakenkreuz-Fahne zu grüßen. Nun hat es eine Alternative gegeben, also zwei Möglichkeiten: Entweder man hat die Hand nicht gehoben, dann wurde man von den Umstehenden angepöbelt. Oder man hat die Hand gehoben und wurde von einem der Umstehenden als Jude erkannt; das war dann noch viel schlimmer.

Käthe Fettahoglu (geb. 1923) im Zeitzeugeninterview, im Jahr 2000:

Für mich war der Parteitag damals ungefähr so wichtig wie Weihnachten. Bei mir und meinen Freundinnen war eine Art Wettbewerb: Wer den Führer am öftesten sieht. Und dann habe ich ihn im Jahr 1937 zwölf Mal gesehen, im Jahr 1938 dreizehn Mal. Und wir sind auch zum Deutschen Hof hingepilgert meistens und haben also nicht nur gerufen: „Wir wollen unseren Führer sehen!", sondern auch „Lieber Führer, sei so nett, zeig Dich doch am Fensterbrett." Und ich habe also nun gesehen, dass er manches Mal schon etwas gelächelt hat, wenn er heraus ist und auch gegrüßt hat. Und dann hat mein Vater zwei Malerleitern zur Verfügung gestellt und ein langes Brett, wir sind also zur südwestlichen Ecke vom Rathaus hin. Und da standen die Leute also schon in Fünfer-, Sechserreihen, so dass man also bei normaler Größe nichts gesehen hätte. Dann haben wir unsere Leitern aufgebaut und oben drüber das Brett gelegt, und meine zwei Tanten und ich durften oben auf das Brett rauf und die anderen waren so auf den Leiterstufen.

Reinhold Schwiddesen erinnert sich im Jahr 2000 an die Reichsparteitage:

Das war so das Erlebnis in der Gemeinschaft, Parademarsch machen sie gerne, und sonntags ausgezeichnet zu sein, weil man gut marschieren konnte. Das war ein Erlebnis. Ja, das waren doch ausgesuchte Leute, die da rein durften. Wenn wir aussortiert worden wären hinterher, weil wir schlechter marschierten als andere, dann hätten wir geweint wie ein Schlosshund, davon bin ich überzeugt.

Erfahrungsbericht der Sittenpolizei über den Reichsparteitag 1935:

Die Erfahrungen der Reichsparteitage 1933 und 1934 machten auch beim Reichsparteitag 1935 die Absperrung der Nürnberger Dirnenstraßen erforderlich. Nach wie vor sind an den Tagen des Reichsparteitages diese Straßen, in denen ungefähr 120 Lohndirnen in einzelnen Häusern beisammen wohnen, das Ziel vieler Reichsparteitagsbesucher. Vor allem musste beobachtet werden, dass P. O.-Männer [Politische Leiter], die ja am Reichsparteitag die größere Freizügigkeit genießen, immer wieder versuchen, trotz der auffälligen Absperrung durch SS-Posten bei Tag und Nacht in diese Straßen einzudringen.

Bericht über die Revision der von den Politischen Leitern während des Reichsparteitages 1936 bewohnten Quartiere:

Koblenz-Trier: Dieser Gau in der Flurstraße bot in Bezug auf Sauberkeit einen verheerenden Anblick, dass die Bezeichnung „Schweinestall" noch zu gelinde ist. Nicht nur, dass die Politischen Leiter, die diese Räume bewohnt haben, alle möglichen Papier- und Pappkartons zurückgelassen haben, sondern in allen Ecken und Nischen lagen Speise-, Wurst- und Käsereste, Zigarren- und Zigarettenstummel sowie sonstiger Unrat herum, die einen derartigen Gestank verbreiteten, dass einem beim Betreten der Räume schlecht wurde.

Aus: Museen der Stadt Nürnberg (Hrsg.): Faszination und Gewalt. Dokumentationszentrum Reichsparteitagsgelände Nürnberg, Nürnberg 2006, S. 64-65.

1 Untersuche, welche Wirkung die Reichsparteitage auf Teilnehmer und Zuschauer entfalten sollten.

2 Vergleiche die Wahrnehmungen der Zeitgenossen. Versuche die Unterschiede zu erklären.

3 Erkläre, inwiefern Politik bzw. der Nationalsozialismus auf Parteitagen „erlebt" werden konnte.

4 Verfasse einen Dialog zweier Hitlerjungen, ob sie am Reichsparteitag teilnehmen oder nicht.

5 Beurteile ausgehend von der Absicht des NS-Regimes und der Wahrnehmung der Zeitgenossen, welche Rolle der Reichsparteitag als Veranstaltung bei der Herausbildung der Volksgemeinschaft spielte.

copy

© Wochenschau Verlag

M3 Ein Reich der Einheit und Ordnung? Wie Bilder Erinnerung formen

Der Sozialpsychologe Harald Welzer beschäftigt sich mit der Erinnerung an den Nationalsozialismus in deutschen Familien. In Interviews befragte er zusammen mit Sabine Moller und Karoline Tschuggnall verschiedene Generationen und analysierte, wie sich die Erinnerung entwickelt bzw. verändert. Mit Blick auf den Reichsparteitag und dessen Darstellung in den Medien, beispielsweise im Film Triumph des Willens, äußern sich ein Sohn (geb. 1979) und seine Mutter, die beide die Zeit nicht selbst erlebt haben, folgendermaßen:

Sohn Bernd Siems:

Weil ich das bisher immer nur so aus Filmen sehen konnte, wie die halt die Menschen so begeistert haben [...]/das war doch klasse, wie die das geschafft haben! Wie sie alle dann geschrien haben „Heil Hitler" oder „Sieg Heil"! Und diese Begeisterung der Menschen macht irgendwie das Faszinierende, wie stark dann dieses Volk war. Denn die haben ja alle Angst vor uns gehabt!"

Mutter Carola Siems:

Von der Ordnung her, von der Disziplin, vom Gehorsam, muss ich sagen, so, wenn ich alte Filme sehe, faszinierend. Allein, wenn ich die Truppen gesehen habe, wo wirklich also auf'n Millimeter alles passt. [...] Ja, Filme, wenn die aufmarschiert sind, wenn Adolf um die Ecke kam. Wie die alle strammgestanden haben, Jeder war wohl auch von ihm irgendwo angetan, nich'. Denn ich meine, es hat, glaub' ich, nie jemanden gegeben, der Menschen so in seinen Bann gezogen hat.

Der Sozialpsychologe Harald Welzer erklärt die Äußerungen der beiden Interviewpartner:

Filmische Medien besitzen, obwohl sie nur momentane und mikroskopische Ausschnitte von Geschehenszusammenhängen oder gestellten Ereignissen sind, eine Art Überzeitlichkeit: Sie manifestieren scheinbar authentische, in Wirklichkeit aber höchst offizielle Perspektiven auf Geschehensverläufe, und damit werden sie zu Deutungsvorgaben, zu Interpretamenten dafür, wie etwas gewesen ist. Für die Geschichte des Nationalsozialismus ist diese interpretative Wirksamkeit der Bilder in besonderer Weise fundiert, weil die Techniken der Inszenierung und ihrer medialen Aufbereitung im Rahmen einer Herrschaftsstrategie erstmals systematischen Stellenwert gewannen. [...]

In unserem Material findet sich aber eine Reihe von Spuren der Wirksamkeit der medialen Bilderflut auf die subjektiv repräsentierten Vergangenheitsbilder, und zwar in unterschiedlicher Wirkungsrichtung: Zum einen werden bildhafte Versatzstücke und Spielfilmszenen ununterscheidbar mit autobiographischen Erlebnisschilderungen verwoben; andererseits dienen gerade filmische Vermittlungen und insbesondere die des Spielfilms in der Wahrnehmung der Befragten als historische Belege dafür, wie die Vergangenheit wirklich gewesen ist. [...]

Denn was uns da entgegentritt, sind in der Regel eben keine dokumentarischen Aufnahmen oder zufälligen Schnappschüsse, sondern genau kalkulierte Inszenierungen. Das Fatale liegt nun dran, dass man z. B. zwar analysieren kann, wie es den Regisseuren der Reichsparteitage gelang, die Masse zu formieren und die aufmarschierten Menschen zum Teil einer gigantischen Aufführung zu machen, in der jeder Statist, Hauptdarsteller und Publikum zugleich war, dass man aber für die Stringenz der Analyse die Bilder der Arbeitsdienstmänner mit geschultertem Spaten, der BDM-Mädel mit weißen Blusen und der Bannerträger mit blutroten Fahnen vorführen muss, um deutlich zu machen, was gemeint ist. Bilder lassen sich qua Vorführung analysieren, aber nicht zerstören – und jede Dokumentation manifestiert ihre Präsenz, zumal in einer Kultur, die das Visuelle so außerordentlich präferiert, einmal mehr.

Welzer, Harald/Moller, Sabine/Tschuggnall, Karoline: „Opa war kein Nazi". Nationalsozialismus und Holocaust im Familiengedächtnis, Frankfurt/M. 2015[9], S. 105-108.

1. Arbeite heraus, welches Bild von der deutschen Gesellschaft im Nationalsozialismus in den beiden Interviews zum Ausdruck kommt, und nimm in einem knappen Text Stellung dazu.
2. Beurteile, welche Bedeutung die Bilder aus der Zeit, die in Dokumentationen oder Geschichtsbüchern präsent bleiben, für das Gedächtnis bzw. die Erinnerungen der Menschen auch im Nachhinein noch haben.
3. Erkläre anhand der beiden Bilder zum Reichtsparteitag, was Harald Welzer meint, wenn er schreibt, dass im Nationalsozialismus „Techniken der Inszenierung und ihrer medialen Aufbereitung im Rahmen einer Herrschaftsstrategie erstmals systematischen Stellenwert gewannen".
4. Arbeite heraus, welche Bedeutung Harald Welzer Bildmedien, insbesondere Filmen, für die Erinnerung zuspricht und welche Problematik er darin erkennt.
5. Unser Bildgedächtnis zum Nationalsozialismus ist fast ausschließlich von Bildern geprägt, die durch das NS-Regime inszeniert wurden. Diskutiert in der Klasse, inwiefern dies problematisch ist und wie mit Fotografien aus der Zeit des Nationalsozialismus in der Schule, aber auch in modernen Medien wie Dokumentationen oder auf Internetseiten umgegangen werden sollte.

copy

© Wochenschau Verlag

M4 Die Organisation Kraft durch Freude

Robert Ley, Chef der Deutschen Arbeitsfront, spricht am 27. November 1934 zum Jahrestag von „Kraft durch Freude“:

Der Führer war es, der auch hier, wie immer, richtungweisend war. Er sagte: „Ich will, daß dem Arbeiter ein ausreichender Urlaub gewährt wird und daß alles geschieht, um ihm diesen Urlaub sowie seine übrige Freizeit zu einer wahren Erholung werden zu lassen. Ich wünsche das, weil ich ein nervenstarkes Volk will, denn nur allein mit einem Volk, das seine Nerven behält, kann man wahrhaft große Politik machen.“ Dieser Wille des Führers war uns heiliger Befehl! (...) Deshalb bauten wir systematisch die Organisation der Gemeinschaft aller Schaffenden, Unternehmer wie Arbeiter: die Arbeitsfront. Das Leben ist nicht allein eine nackte Magenfrage, ein Lohn- oder gar Dividendenproblem, sondern wir haben gelernt, und das Volk hat es begriffen: zum Leben gehört eine Summe von andern Dingen – die anständige Gesinnung, die Teilnahme an der Kultur, das Schauen der Schönheiten unseres Vaterlandes, die Gestaltung des Arbeitsplatzes, die Erhaltung der Spannkraft des Körpers, die Erweckung eines neuen Volks- und Brauchtums und vieles andere mehr [...] Noch nie in der Geschichte hat sich eine große und gewaltige Umwälzung vollzogen, ohne daß das Volk materielle Forderungen stellte. Und dieses Wunder ist uns gelungen. So ist denn heute, nach noch nicht zwei Jahren, der große Wurf gelungen. Die Arbeitsfront ist der Exerzierplatz, auf dem täglich die Gemeinschaft geübt wird, und „Kraft durch Freude“ ist das Reglement, nach dem wir exerzieren [...]

Unser Prachtstück ist das Amt für „Reisen und Wandern“. [...] Nach Einzelmeldungen der Gaue und der Meldung des Zentralamtes wurden insgesamt 2.168.032 Arbeiter auf Reisen geschickt, davon 1 3/4 Millionen auf Urlaubsreisen von 7-10 Tagen [...]. Durch eine vorzügliche Organisation wurden die Kosten der einzelnen Fahrten sensationell niedrig gehalten. So kostete z. B. eine Fahrt von Berlin ins Riesengebirge mit einem siebentägigen Aufenthalt, einschließlich Verpflegung, Hin- und Rückfahrt und Darbietungen im Aufnahmegebiet 28 RM [...] Einer besonders großen Beliebtheit erfreuten sich unsere Urlaubsreisen zur See. Nicht weniger als rd. 80000 Volksgenossen aus allen Teilen Deutschlands fuhren auf eigenen Dampfern zu den norwegischen Fjorden oder an die englische Küste.

Aus: Michalka, Wolfgang: Das Dritte Reich. Dokumente zur Innen- und Außenpolitik. Bd. 1 „Volksgemeinschaft“ und Großmachtpolitik 1933-1939, Berlin 1985, S. 86-87.

Die Organisation Kraft durch Freude, eine Unterorganisation der „Deutschen Arbeitsfront“, veranstaltete Urlaubsreisen für die „Volksgenossen“ und warb dafür mit Plakaten:

Plakat „Kraft durch Freude“.

1. Beschreibt und analysiert das Plakat.
2. Arbeite heraus, wie Robert Ley die Gründung der Organisation Kraft durch Freude begründet und wie er die Entwicklung der Organisation darstellt.

copy

© Wochenschau Verlag

M5 Die Wirkung von Kraft durch Freude in der Bevölkerung

Berichte der Sopade (Vorstand der Sozialdemokratischen Partei Deutschlands im Exil in Prag und später Paris während der Zeit des Nationalsozialismus) über die Einstellung der deutschen Bevölkerung, insbesondere der Arbeiter, zur Organisation „Kraft durch Freude":

Juli 1935 Bayern, 1. Bericht: Daß mit der Madeirafahrt eine Riesenreklame gemacht wurde, brauche ich nicht besonders zu erwähnen. Bemerkenswert ist, daß diese Fahrt sogar auf einen älteren Genossen großen Eindruck gemacht hat. Er erzählte z. B.: „Weißt, das muß ich zugeben, Kameradschaft hat während der ganzen Fahrt geherrscht, wie sie bei uns früher leider nicht vorhanden war. Den Bedürftigeren wurde von den Bessergestellten sogar mit Geldgeschenken ausgeholfen, damit sie sich nirgends zurückgesetzt fühlen brauchten. Es gab auf dem Schiffe keine Unterschiede, alles war ein Herz und eine Seele. Man muß sagen, daß hier wirklich etwas von einer Gleichheit da war, wie wir Sozialisten uns das immer erhofft haben. Und besonders der Ley war sehr kameradschaftlich. Täglich hielt er in seiner Kabine Sprechstunden ab, forderte gerade die Handarbeiter auf, daß sie zu ihm in die Kabine kommen sollen, um ihm ungeniert über ihre Verhältnisse im Betrieb zu berichten. Hier seien sie mit ihm allein, hier sei kein Unternehmer da, der zuhöre, hier sollen sie einmal ihr Herz ausschütten und offen berichten, wo sie der Schuh drückt usw. Dieser freundlichen Aufforderung Leys kamen die Proleten auch nach und – hats auch keinen Sinn gehabt, geschmeichelt fühlten sie sich doch." In Lissabon hat man den Leuten die Elendsviertel gezeigt und ihnen dann erklärt, daß sie den Unterschied erkennen sollen zwischen der Lebensweise des deutschen Arbeiters und des Arbeiters in anderen Ländern usw. Und der Genosse, der noch nie in einer Hafenstadt war und deshalb keine Vergleichsmöglichkeiten hat, meinte selbst, da habe er allerdings gestaunt, wie schlecht die Leute dort wohnen und leben. Alle Mitfahrenden seien von der Fahrt hoch befriedigt gewesen, auch die früheren Sozialdemokraten. [...]

April 1939 Mitteldeutschland: Während „Schönheit der Arbeit" gar keinen Eindruck macht – die Herrlichkeiten werden gewöhnlich an die Betriebseingänge gebaut, damit die Besucher etwas zu sehen bekommen – bleibt „Kraft durch Freude" nicht ohne Wirkung. Allerdings reicht der Lohn des Arbeiters gerade zum Nötigsten und bis zu einer Madeirafahrt – 150,- RMk pro Person, mit der Frau 300,- RMk bringt es keiner. Auch die kleineren Reisen verursachen so hohe Nebenkosten, daß man oft auf das Doppelte des veranschlagten Satzes kommt.

Aber manchem gefällt die Sache eben doch. Wer noch nie in seinem Leben eine Reise gemacht hat und nun für 60,- RMk zum ersten Male das Meer zu sehen bekommt, ist tief beeindruckt. Wirkung: „Die Nazis haben doch auch manches Gute geschaffen." Die Begeisterung ist allerdings bei der ersten Reise gewöhnlich am größten. Bei der zweiten fühlen sich viele schon durch den Massenbetrieb gestört. Das wenigste, was man bei einer derartigen 7-tägigen Norwegenfahrt der „deutschen Arbeiter" mit allen Nebenausgaben ausgibt, sind 100 RMk, meist aber mehr, durchschnittlich kommt also der Tag auf 15,- RMk. Es kann sich jeder selbst ausrechnen, welches Publikum bei diesen Norwegenfahrten im Allgemeinen vertreten ist. In Hitlerdeutschland, wo für Familienväter Wochenlöhne von 30,- RMk an der Tagesordnung sind, ist für ein Arbeiterehepaar kein Platz auf einem KdF-Schiff. Diese Fahrten sind fast ausnahmslos der bevorzugten bürgerlichen Klasse vorbehalten. Trotzdem reden Ley und die Regierungsmitglieder immer und immer wieder davon, daß der deutsche Arbeiter die Meere der Welt befährt.

Wie weit die Wirkung immer wieder eingetrommelter Schlagworte geht, habe ich in der Diskussion mit Arbeitern festgestellt, die mir u. a. entgegneten, Hitler habe doch die großartige Einrichtung der KdF-Fahrten geschaffen. Ich stellte dann fest, daß sie bisher noch nie in der Lage gewesen waren, in all den Jahren an einer einzigen KdF-Fahrt teilzunehmen.

Aus: Abelshauser, Werner u. a. (Hrsg.): Deutsche Sozialgeschichte 1914-1945. Ein historisches Lesebuch, München 1985, S. 375-378.

1. Arbeite heraus, welche Wirkung die KdF-Fahrten in dem traditionell eher skeptisch gegenüber dem Nationalsozialismus eingestellten Teil des Arbeitermilieus entfalteten.
2. Analysiere, welche Strategien von Seiten des NS-Regimes mit „Kraft durch Freude" angewendet wurden, um die Arbeiterschaft von der NS-Herrschaft zu überzeugen.

copy

© Wochenschau Verlag

M6 Die Volksgemeinschaft – Ein Gefühl sozialer Gleichheit?

Personelle Einkommensschichtung (vor Steuerabzug):

	1913			1928			1936		
Prozent der Einkommensbezieher	10	40	50	10	40	50	10	40	50
Prozent des Gesamteinkommens	40	36	24	37	38	25	39	43	18

Lesebeispiel: 1928 entfielen auf die obersten 10 % der Einkommensbezieher 37 % des Gesamteinkommes.
Nach: Petzina, Dietmar: Die deutsche Wirtschaft in der Zwischenkriegszeit, Wiesbaden 1977, S. 147.

Soziale Herkunft von Studenten (in Prozent), 1911/13-1931-1939:

Beruf des Vaters	**von Studenten Deutsches Reich**		
	1911/13	**1931**	**1939**
Höhere Beamte	16	14	17
Freie Berufe	5	6	10
Offiziere	1	2	1
Großgrundbesitzer	2	1	
Obere Mittelschicht	**39**	**35**	**36**
Selbstständige, Handwerker, Einzelhändler, Gastwirt	19	15	19
Landwirte	9	5	5
Mittlere Beamte, darunter Lehrer	24	28	23
Mittlere und untere Angestellte	3	6	11
Untere Mittelschicht	**55**	**52**	**58**
Untere Beamte	1	3	1
Arbeiter	3	2	3
Unterschichte	**4**	**7**	**4**
Sonstige Berufe bzw. Angaben	2	6	2
Insgesamt	100	100	100
Zahl der Fälle	**39984**	**125072**	**7303**

Nach: Petzina, Dietmar/Abelshauser, Werner/Faust, Anselm (Hrsg.): Sozialgeschichtliches Arbeitsbuch III. Materiealien zur Statistik des Deutschen Reiches 1914-1945, München 1978, S. 127.

Der Historiker Norbert Frei schreibt über das Lebensgefühl der „Volksgenossen":

Unter dem Gesichtspunkt der Erfahrungsgeschichte durchlief das „Dritte Reich" seit Mitte der dreißiger Jahre eine Phase konsolidierter Herrschaft, in der sich die Ideologie der „Volksgemeinschaft" für weite Teile der Bevölkerung, auch der Arbeiterschaft, als tragfähig und sogar als attraktiv zu erweisen schien. Die wirtschaftliche Aufwärtsentwicklung und die (letztlich bescheidenen) wachsenden Konsummöglichkeiten spielten dabei eine zentrale Rolle, wichtiger aber noch war das veränderte Lebensgefühl: Die große Mehrheit der Deutschen glaubte inzwischen an nationalen „Wiederaufstieg" und individuelle Aufstiegschancen, an künftige Größe und an ein besseres Leben für sich selbst und die kommenden Generationen. Der permanente sozialpolitische Aktionismus und eine egalitäre Propaganda stifteten „affektive Integration" und trugen dazu bei, daß die [...] Entkopplung von Lohn und Status funktionierte. Auf brachiale Weise demonstrierte das Regime, daß der Mensch nicht allein vom Brote lebt und Loyalität auch anders zu haben ist als durch die rechtzeitige Aufstockung des Ecklohns.

Einer der bemerkenswertesten Erfolge nationalsozialistischer Sozial- und Gesellschaftspolitik bestand in der Verbreitung des Gefühls sozialer Gleichheit. Wo unentwegt an der bewußtseinsmäßigen Abtragung von Rang- und Statusunterschieden gearbeitet wurde, da konnten selbst bescheidene Ansätze von „Massenkonsum" als Indizien einer vielversprechenden Zukunft gelten.

Frei, Norbert: 1945 und wir. Das Dritte Reich im Bewusstsein der Deutschen, München 2005, S. 113-114

 Analysiere und interpretiere die Statistiken.

 Arbeite heraus, wie Norbert Frei das Denken und das Lebensgefühl der Menschen im Nationalsozialismus beschreibt.

 Beurteile ausgehend von dem Bericht über die KdF-Fahrten, deinen Erkenntnissen über die Reichsparteitage und den beiden Statistiken, warum Norbert Frei bei der Volksgemeinschaft von einem „Gefühl sozialer Gleichheit" spricht.

copy

© Wochenschau Verlag

M 1 Öffentliche Demütigung

Der jüdische Student Jakob Spier wird mit einem Schild mit der Aufschrift „Ich habe ein Christenmädchen geschändet!" am 24. August 1933 von der örtlichen SA durch die Stadt Marburg geführt:

Foto: unbekannt.

1. Interpretiere die Fotografie. Entwickele ausgehend davon Fragen, die du gerne im Unterricht behandeln würdest.
2. Formuliere mögliche Denkblasen für die Zuschauer am Straßenrand.

copy

© Wochenschau Verlag

M2 „Rasseschande"-Aktionen als Praxis der Ausgrenzung vor Ort

Der Historiker Michael Wildt beschreibt und analysiert ein Fallbeispiel der „Rasseschande"-Umzüge der Praxis der Ausgrenzung:

Neben den gewalttätigen Boykottaktionen nahmen im Sommer 1935 – also mehrere Monate vor den „Nürnberger Gesetzen", die im September erlassen wurden – ebenso Kampagnen zur Anprangerung von Liebesbeziehungen zwischen Juden und Nicht-Juden als „Rassenschande" zu. Überall im Reich wurden solche Beschuldigungen erhoben, die stets mit aggressiven öffentlichen Angriffen in Zeitungen und Flugblättern oder mit Demonstrationen einhergingen, bei denen die angeblichen „Rasseschänder" mit Gewalt durch die Stadt geführt wurden.

Betrachtet man die Bilder von jenen Umzügen, die am helllichten Tag in aller Öffentlichkeit stattfanden, so fallen die Mengen auf, die diese Umzüge begleiten: Frauen, Kinder, Jugendliche laufen mit, lachen, verhöhnen, beschimpfen, bespucken die Opfer. Die voyeuristische Attraktion und das Einverständnis mit der Beteiligung an dieser gewalttätigen Ahndung einer Verletzung der „Rassenehre" sind nicht zu übersehen.

Mit den „Rassenschande"-Aktionen des Jahres 1935 hatten die Nationalsozialisten das Feld gefunden, um im Alltag die Grenzen der „Volksgemeinschaft" wirksam und mit Zustimmung der nicht-jüdischen Volksgenossen zu ziehen. [...]

Am 22. Juli 1935 schilderte Max Angerthal der Berliner Zentrale einen Fall aus dem westpreußischen Osterode, von dem er gerade telefonisch erfahren hatte. Dort hatte eine Rotte Jugendlicher den Lederhändler Wittenberg in seinem Geschäft überfallen, nachdem er eine Gruppe acht- bis zehnjähriger Kinder vertrieben hatte, die sein Schaufenster mit antisemitischen Zetteln beklebt hatte. Die Hitler-Jungen fesselten Wittenberg, hingen ihm ein Pappschild um den Hals mit der Aufschrift: „Dieser dreckige Jude hat einen deutschen Jungen geschlagen!" und zwangen ihn eine Stunde lang unter Schlägen und Misshandlungen durch die Straßen von Osterode zu laufen. Es bedurfte schließlich der Intervention von vier Gendarmen, um Wittenberg aus der Gewalt der Jugendlichen zu befreien und in „Schutzhaft" zu nehmen. Der jugendliche Trupp zog daraufhin zu anderen Häusern und Geschäften in jüdischem Besitz, verwüstete das Büro eines Mühlenbetriebs und führte den jüdischen Mühlendirektor ebenfalls durch die Straßen Osterodes, bis auch er in Schutzhaft genommen und am Abend erst wieder freigelassen wurde.

Die Gewalt war öffentlich, sie sollte die Ohnmacht des Opfers und die Macht der Täter zur Schau stellen. Die sichtbare Demütigung des Opfers war konstitutiver Bestandteil der Aktionen. An zentraler Stelle des Ortes, auf dem Marktplatz oder vor dem Rathaus, fanden diese Aktionen statt, dort, wo alle vorübergingen und jeder die öffentlich Gedemütigten, die zur Misshandlung freigegeben waren, sehen konnte. Es ist bezeichnend, dass diejenigen, die das Gesetz zu hüten und Straftaten zu verhindern hatten, erst spät oder gar nicht eingriffen. Stattdessen ließ die Polizei das gewalttätige Treiben gewähren, bevor sie Einhalt gebot. Und auch dann ging die Polizei nicht gegen die Gewalttäter vor, sondern nahm das jüdische Opfer in Haft. Die jugendlichen Aktivisten konnten sich hingegen des mehr oder weniger unverhohlenen Einverständnisses der Erwachsenen, selbst derjenigen, die von Amtswegen die öffentliche Ordnung zu gewährleisten hatten, sicher sein. Diese mehr oder weniger unverborgene Komplizenschaft vor Ort, die die geltende Rechtsordnung für Juden in der Praxis außer Kraft setzte, ihnen den Schutz verweigerte und sie der Gewalt preisgab, war als Politik „von unten" ebenso notwendig wie die Erlasse, Gesetze und Maßnahmen „von oben", um die „Volksgemeinschaft" herzustellen. In dem Moment, in dem Recht gegenüber einer Gruppe ohne Folgen gebrochen werden konnte, war die Grenze der „Volksgemeinschaft" bereits gezogen, die einerseits alle „Volksgenossen" einschloss, andererseits alle Juden und andere „Fremdvölkische" wie „Gemeinschaftsfremde" ausgrenzte. [...]

In der Aktion bildete sich jene „Volksgemeinschaft", von der die NS-Propaganda sonst nur redete: eine Gemeinschaft, die einen Feind besaß, dessen Verfolgung und Vertreibung zum Prüfstein ihrer Existenz wurde; eine Gemeinschaft, die sich nicht durch Gesetze definierte, die immer auch Grenzen hätten setzen können, die sich erst durch die Tat schuf und als Selbstintensivierung erfahren werden konnte. [...]

Alle Teilnehmer, Militante wie Zuschauer, Aktivisten wie Mitläufer, Täter wie Beteiligte, konnten Partizipation und Macht erfahren. Die Gewaltaktionen gegen Juden haben nicht die „Volksgemeinschaft" geschaffen, aber diese Praxis der Gewalt nahm die Wirklichkeit der „Volksgemeinschaft" für einen begrenzten Moment, vorweg. [...]

Wildt, Michael: „Volksgemeinschaft" als Selbstermächtigung. Soziale Praxis und Gewalt, in: Thamer, Hans Ulrich/Erpel, Simone (Hrsg.): Hitler und die Deutschen. Volksgemeinschaft und Verbrechen, Ausstellung Deutsches Historisches Museum, Dresden 2010, S. 90-93, S. 92-93.

1. Fasse knapp in eigenen Worten zusammen, was in Osterode geschehen ist.
2. Erläutere, welche Bedeutung Michael Wildt den „Rasseschande"-Aktionen für die Herausbildung der Volksgemeinschaft zumisst.
3. Beurteile am Beispiel von Osterode, was die „Politik ‚von unten'" über das NS-Herrschaftssystem und seine Funktion aussagt.
4. Beurteile, ob man bei den Zuschauern von „Rasseschande"-Umzügen von Unbeteiligten reden kann, und bewerte deren Verhalten. Diskutiert eure Meinungen in der Klasse.

copy

© Wochenschau Verlag

M3 Die Nürnberger Gesetze von 1935

Auszug aus dem Reichsbürgergesetz vom 15. September 1935:

§ 1.

(1) Staatsangehöriger ist, wer dem Schutzverband des Deutschen Reiches angehört und ihm dafür besonders verpflichtet ist.

(2) Die Staatsangehörigkeit wird nach den Vorschriften des Reichs- und Staatsangehörigkeitsgesetzes erworben.

§ 2.

(1) Reichsbürger ist nur der Staatsangehörige deutschen oder artverwandten Blutes, der durch sein Verhalten beweist, daß er gewillt und geeignet ist, in Treue dem deutschen Volk und Reich zu dienen.

(2) Das Reichsbürgerrecht wird durch Verleihung des Reichsbürgerbriefes erworben.

(3) Der Reichsbürger ist der alleinige Träger der vollen politischen Rechte nach Maßgabe der Gesetze.

Auszug aus dem Gesetz zum Schutz des deutschen Blutes und der deutschen Ehre vom 15. September 1935:

Durchdrungen von der Erkenntnis, daß die Reinheit des deutschen Blutes die Voraussetzung für den Fortbestand des Deutschen Volkes ist, und beseelt von dem unbeugsamen Willen, die Deutsche Nation für alle Zukunft zu sichern, hat der Reichstag einstimmig das folgende Gesetz beschlossen, das hiermit verkündet wird:

§ 1

(1) Eheschließungen zwischen Juden und Staatsangehörigen deutschen oder artverwandten Blutes sind verboten. Trotzdem geschlossene Ehen sind nichtig, auch wenn sie zur Umgehung dieses Gesetzes im Ausland geschlossen sind. [...]

§ 2

Außerehelicher Verkehr zwischen Juden und Staatsangehörigen deutschen oder artverwandten Blutes ist verboten.

§ 3

Juden dürfen weibliche Staatsangehörige deutschen oder artverwandten Blutes unter 45 Jahren in ihrem Haushalt nicht beschäftigen.

§ 4

(1) Juden ist das Hissen der Reichs- und Nationalflagge und das Zeigen der Reichsfarben verboten.

(2) Dagegen ist ihnen das Zeigen der jüdischen Farben gestattet. Die Ausübung dieser Befugnis steht unter staatlichem Schutz.

1. Beurteile die Bedeutung der Nürnberger Rassegesetze für die rechtliche und gesellschaftliche Stellung der Juden in Deutschland.
2. Bewerte die Nürnberger Gesetze. Formuliere eine Stellungnahme.

M4 Folgen der Nürnberger Gesetze

Auszug aus einem Reisebericht vom 29. November 1935 eines Schweizers (?), der die Lage der jüdischen Bevölkerung nach dem Erlass der Nürnberger Gesetze schildert und an einer Stelle auf die Folgen für jüdische Schulkinder eingeht:

Besonders schwierig ist die Lage der juedischen Schulkinder. Von ungefaehr 45000 Kindern sind bis jetzt ca. 17000 in juedischen Schulen untergebracht, der Rest besucht allgemeine Schulen. Zu derselben Zeit, als die Nuernberger Gesetze erschienen, erschien auch eine Verordnung des Kultusministers Rust, die die Entfernung der juedischen Kinder aus den allgemeinen Schulen und ihre Konzentrierung in juedischen Schulen zum 1. April 1936 ankuendigte. Die Ausfuehrungsbestimmungen zu diesem Schulgesetz sind noch nicht erschienen. Es herrscht daher absolute Unklarheit darueber, wie diese neuen juedischen Schulen beschaffen sein werden und wer sie erhalten wird. Der Umfang der staatlichen Beteiligung an den Kosten ist noch nicht bestimmt, die beabsichtigte Einflusnahme des Staates auf die Lehrplaene und Lehrerauswahl ist unbekannt. Fest steht jedoch, dass die Schaffung dieser neuen juedischen Schulen schon deshalb ungemein problematisch ist, weil es einfach an den notwendigen Lehrkraeften zur Betreuung einer grossen Zahl von Kindern fehlt. Die Tatsache jedoch, dass die juedischen Schulkinder entfernt werden sollen, hat bei sehr zahlreichen Schulleitern zur Folge, dass sie einem gewissen Ehrgeiz huldigen, ihre Schule moeglichst bald judenrein zu machen, das heisst noch vor dem gesetzlich festgelegten Termin vom 1. April 1936. Dies wird mit den verschiedensten Mitteln versucht. Die juedischen Kinder werden von Lehrern und Kindern gequaelt und misshandelt, der „Stuermer“ ist zur staendigen Lektuere zahlreicher Schulen geworden, an juedischen Kindern werden die verschiedenen Rassenmerkmale, dem „Stuermer“ entsprechend, demonstriert. In einer Schule (in Dessau) hat der Schulleiter die Kinder einfach bis zum April 1936 vom Schulbesuch beurlaubt. Als die Eltern sich dagegen zur Wehr setzten, ist die Beurlaubung zwar zurueckgenommen worden, die Kinder werden jedoch nur als Gastschueler angesehen, das heisst, sie werden nicht geprueft und beim Unterricht weitgehendst benachteiligt. Die Folgen dieses Zustandes sind fuer die Kinder geradezu verheerend. Sie erleiden fast unheilbare psychische Schaeden, werden labil und unsicher und lassen auch rein wissensmaessig in ihren Leistungen enorm nach.

copy

© Wochenschau Verlag

Auszug aus einem Sopade-Bericht aus Berlin vom Januar 1936:

Ich habe den Eindruck, dass der Höhepunkt des Antisemitismus erreicht ist. Gewiss kann es noch zu weiteren gesetzgeberischen Massnahmen in Ausführung der Nürnberger Gesetze kommen, aber der reine Radau-Antisemitismus hat seinen Höhepunkt überschritten. Wenn man bedenkt, dass das Volk trotz jahrelanger Judenhetze auch heute noch diese Hetze nur in seinem kleinen Teil mitmacht, dass die meisten sogar den Judenboykott selbst boykottieren, dann muss man geradezu Achtung davor haben, wie wenig die antisemitischen Parolen im Volke verfangen haben. Andererseits muss man bedenken, dass das deutsche Volk innerlich immer antisemitisch gewesen ist. Dieser gemässigte Antisemitismus hat auch heute noch Boden in den Kreisen, die den Radau-Antisemitismus ablehnen. Die Deutschnationalen z. B., die zum Regime in Opposition stehen, lehnen den Antisemitismus des „Stürmers" ab, haben aber im Grunde gegen die Nürnberger Rassengesetze nichts einzuwenden. Wenn man mit ihnen über die Judenfrage spricht, dann halten sie eine „Lösung" dieser Frage ebenfalls für nötig, wenn auch mit anderen Methoden, als die Nazis sie anwenden. Ganz allgemein kann man feststellen, dass es die Nationalsozialisten tatsächlich fertiggebracht haben, die Kluft zwischen dem Volk und den Juden zu vertiefen. Das Empfinden dafür, dass die Juden eine andere Rasse sind, ist heute allgemein.

Die Verfolgung und Ermordung der europäischen Juden durch das nationalsozialistische Deutschland 1933-1945, hrsg. im Auftrag des Bundesarchivs, des Instituts für Zeitgeschichte und des Lehrstuhls Neuere und Neueste Geschichte an der Albert-Ludwigs-Universität Freiburg, von Götz Aly u. a. Band 1. Deutsches Reich 1933-1937, bearb. von Wolf Gruner, München 2008, S. 528-529 und S. 552-553.

1. Arbeite aus den beiden Quellen die Folgen der Nürnberger Gesetze heraus.
2. Informiere dich mithilfe des Schulbuchs über die NS-Judenpolitik zwischen 1933 und 1939. Beurteile die Bedeutung der Nürnberger Gesetze in dieser Entwicklung.
3. Beurteile am Beispiel der „Rassenschande"-Aktion und der Nürnberger Gesetze, welche Rolle Politik von „oben" und „unten" spielt.

M5 Warum regt sich kein Widerstand?

Der Sozialpsychologe Harald Welzer schreibt über den Zusammenhang von Exklusion und Inklusion im Kontext der NS-Gesellschaft:

Unmittelbar nach dem 30. Januar 1933 setzte eine ungeheuer beschleunigte Praxis der Ausgrenzung der Juden ein, und zwar ohne relevanten Widerstand der Mehrheitsbevölkerung – obwohl mancher vielleicht über den „SA- und Nazipöbel" die Nase rümpfte oder die einsetzende Kaskade der antijüdischen Maßnahmen als unfein, ungehörig, übertrieben oder einfach als inhuman empfand. [...] Im sozialen Alltag des Nationalsozialismus sind Maßnahmen, die andere treffen, aber von Nicht-Betroffenen zur Kenntnis genommen werden, allgegenwärtig. Wie immer auch die Gesetze und Maßnahmen bei den Volksgenossinnen und Volksgenossen ankamen – festzuhalten ist, dass sich auch in dieser frühen Phase, die ja auch für die Nicht-Betroffenen einen erheblichen Wertewandel hinsichtlich zwischenmenschlicher Umgangsformen bedeutete, keinerlei Unmut artikulierte. Aber was heißt Nicht-Betroffene? Wenn man den Vorgang der Ausgrenzung, Beraubung und Vernichtung als Handlungszusammenhang betrachtet, ist es logisch unmöglich, von Nicht-Betroffenen zu sprechen: Wenn eine Personengruppe auf solch schnelle, verdichtete, öffentliche und nichtöffentliche Weise aus dem Universum der moralischen Verbindlichkeit ausgeschlossen wird, dann bedeutet das umgekehrt, dass sich der wahrgenommene und gefühlte Stellenwert der Zugehörigkeit zur Volksgemeinschaft erhöht.

So ist es psychologisch kein Wunder, dass die praktische Umsetzung der Theorie von der Herrenmenschenrasse äußerst zustimmungsfähig war. Vor dem Hintergrund dieser in Gesetze und Maßnahmen gegossenen Theorie konnte sich noch jeder sozial deklassierte, ungelernte Arbeiter ideell jedem jüdischen Schriftsteller, Schauspieler oder Geschäftsmann überlegen fühlen, zumal dann, wenn der gesellschaftliche Prozess die faktische soziale und materielle Deklassierung der Juden durchsetzte. Die Aufwertung, die der Volksgenosse auf diese Weise erfuhr, bestand auch im Gefühl einer relativ verringerten sozialen Gefährdung – einem ganz neuen Lebensgefühl in einer exklusiven Volksgemeinschaft, zu der man nach den wissenschaftlichen Gesetzen der Rassenauslese unabänderlich gehörte und zu der die anderen genauso unabänderlich niemals gehören konnten.

Welzer, Harald: Die Deutschen und ihr „Drittes Reich", in: APuZ 14-15 (2007), S. 21-28.

1. Arbeite heraus, wie Harald Welzer die Zustimmungsbereitschaft der Deutschen zum Nationalsozialismus und zur NS-Judenpolitik in seinem Text begründet.
2. Beurteile Harald Welzers Argumentation, die stark psychologisch argumentiert, vor dem Hintergrund eigener Erfahrungen.
3. Diskutiert in der Klasse, welche Rolle Formen der Exklusion und der Abgrenzung in euch bekannten Formen von Gemeinschaften oder Gesellschaften (Familie, Verein etc.) spielen.

copy

© Wochenschau Verlag

M1 Reichserntedankfest

Adolf Hitler auf dem „Reichserntedankfest" am 3. Oktober 1937 auf dem Bückeberg bei Hameln:

Foto: Heinrich Hoffmann.

M2 Führerkult? Hitler in der Wahrnehmung der Deutschen zwischen 1933 und 1939

Auszug aus einem Lagebericht der Staatspolizeistelle Berlin vom 6. März 1936:

Zu größeren Besorgnissen gibt die Stimmung in der Bevölkerung hinsichtlich der innenpolitischen Zustände Anlaß. [...] In weiten Kreisen herrscht eine ausgesprochene Verbitterung. [...]

Die schlechte Stimmung ist zwar nicht immer ohne weiteres erkennbar, weil jeder sich überwacht fühlt, im engen Kreise wird aber überall geschimpft.

Bezeichnend ist, daß der deutsche Gruß „Heil Hitler" nur noch von wenigen angewandt wird. Man kann sich tagelang in der Stadt aufhalten, ohne den deutschen Gruß zu hören, es sei denn von Beamten im Amte oder in Uniform oder von Leuten aus der Provinz. In persönlichen Gesprächen in allen Kreisen und Ständen fällt immer wieder der Satz „So kann es nicht lange weitergehen" [...].

Ein wahrheitsgetreuer Stimmungsbericht kann auch nicht an der Tatsache vorbeigehen, daß das Vertrauen der Bevölkerung zu der Persönlichkeit des Führers z. Zt. eine Krise durchmacht. Man sagt, dem Führer könne es doch nicht entgehen, wie sich die menschlichen Unzulänglichkeiten einer Reihe seiner Unterführer auswirkten; es könne ihm nicht entgehen, wie sich bald dieser bald jener eine große Villa baue, wie einzelne seiner Mitarbeiter einen auf die Volksmasse geradezu aufreizend wirkenden Luxus treiben. Diese Gespräche pflegen mit der Frage zu enden „Warum duldet der Führer das?".

copy

1 Interpretiere das Bild und entwickele ausgehend von dem Bild Fragen, die du gerne im Unterricht behandeln würdest.

© Wochenschau Verlag

Schreiben eines Bürgers der Stadt Oppenheim an Adolf Hitler vom 16. September 1936:

Mein Führer! Indem es mir als alten im 64sten Lebensjahr stehenden Mann mit einer gelähmten Frau nicht mehr möglich [ist], ein einziges mal an einem Reichsparteitag in Nürnberg teilnehmen zu können, freute ich mich dennoch, durch den Rundfunk die Stimme meines geliebten Führers vernehmen zu dürfen. [...]

Aus unendlicher Liebe fühle ich mich gedrungen, unserem Schöpfer tagtäglich dafür zu danken, der uns durch seine Gnade und dem ganzen deutschen Volk einen solch herrlichen Führer geschenkt [hat], und zu einer Zeit [...], wo unser schönes, liebes Vaterland durch den Judenbolschewismus [mit] dem gräßlichsten Untergang gefährdet war. [...]. Der Dank des Volkes war seine Vernunft zur Treue und Disziplin, sowie in der [...] Bereitschaft, für Sie, mein Führer, wenn es so kommen sollte, zu sterben [...]. Wir wünschen Frieden und wollen keinem anderen Land was Böses zufügen, jedoch auf Wache stehen gegen die Mörder und Verbrecher der roten Internationale, mit heiligem deutschem Blut die Angriffe des jüdischen Bolschewismus abwehren, mit Ihnen, mein Führer, uns verschwören, diese Teufel zu vernichten, die nicht nur alle Nationen zerstörten, sondern auch eine Gottheit an's Kreuz schlugen, die Menschen ausraubten, sich der scheußlichsten Tortur bedienten als Inquisidor [!] der christlichen Religion und Kultur. [...] Ihr bis zum Tod treu ergebener Frontkamerad.

Auszug aus einem Deutschland-Bericht der Sozialdemokratischen Partei Deutschlands vom 9. April 1938:

Hitlers innenpolitische Macht beruht seit Jahren nur auf seinen Außenpolitischen Erfolgen. Immer, wenn die innenpolitische Unruhe am höchsten gestiegen war, kam ein sogenannter außenpolitischer Großerfolg. Und je mehr die Spannungen im Reiche stiegen, um so größer wurde das Wagnis, das Hitler einging. Österreich ist, unter diesem Gesichtspunkt gesehen, der bisher größte Erfolg Hitlers. Von jetzt ab gibt es wahrscheinlich keine irgendwie nennenswerte Opposition mehr gegen neue Abenteuer. Das Land ist jetzt völlig darauf vorbereitet, daß der „Führer" alles kann, wenn er will [...].

Auszug aus einem Deutschland-Bericht der Sozialdemokratischen Partei Deutschlands vom 10. Mai 1939:

Wie man sieht, ist das „Führertum" in Deutschland keine neue Erscheinung. Neu ist aber, daß der Führer nicht den obersten Gesellschaftsschichten, sondern den untersten entstammt und daß er seinen Ruf nicht einer prätendierten militärischen Tüchtigkeit, sondern seinen volksrednerischen Fähigkeiten verdankt. Darin und in der Stärke der Glaubensströme, die er erweckt hat, ist er erst- und einmalig. [...] Es ist für den Kenner Deutschlands nicht anders denkbar, als daß ein großer Teil des Volkes während des Aufstiegs Hitlers zur mythischen Gestalt kühl und skeptisch blieb. Gegen ihn wirkten jedoch zwei mächtige Faktoren: der furchtbare Terror im Innern, der jede kritische Regung erstickte, und die Außenpolitik der westlichen Demokratien, die dem Führer einen Erfolg nach dem anderen zuspielte. Gerade auf die alten Republikaner, die wußten, wie schwer das weimarische Deutschland unter dem Druck des Sieges gelitten hatte, mußte diese schier ununterbrochene Kette außenpolitischer Triumphe erschütternd wirken. [...]

Es ist aber gut, auch daran erinnert zu werden, daß die Anhänglichkeit an Hitler und sein System in Hunderttausenden von Fällen auf stark materialistischer Grundlage beruht. Im allgemeinen kann man beobachten, daß Personen, die sich auf der Stufenleiter der Parteihierarchie dem Führer am nächsten befinden, in ihren Äußerungen noch am meisten Zurückhaltung wahren. Sie pflegen den Heroenkult, den sie für ihre politischen Zwecke brauchen, ohne ihm selber in übertriebenem Maße zu huldigen. Die Hemmungslosigkeit der Anbetung wächst mit dem Maße der Entfernung. Zunächst sind es losgelassene Dichter, die in schlauer Wahrnehmung der Konjunktur oder auch von der Propaganda mitgerissen, Hitler als Gottgesandten, wenn nicht als Gott selbst besingen. [...]

Aus: Mommsen, Hans (Hrsg.): Herrschaftsalltag im Dritten Reich. Studien und Texte. Düsseldorf 1988, S. 65-73.

1. Arbeite heraus, welche Haltung der Menschen gegenüber Hitler in den Quellen jeweils zum Ausdruck kommt.
2. Ordne die Quellen jeweils in den konkreten historischen Kontext ein. Beachte dabei besonders die außenpolitische Entwicklung.
3. Arbeite heraus, welche Motive zur Zustimmung beitragen und welche Faktoren und Entwicklungen Kritik an Hitler schufen.
4. Beurteile, ob man von einer einheitlichen Haltung der Menschen gegenüber Hitler zwischen 1932 und 1939 sprechen kann.

copy

© Wochenschau Verlag

M3 Hitler und die Deutschen

Der britische Historiker Ian Kershaw schreibt über das Verhältnis der Deutschen zu Hitler:

Die ungewöhnlich große Anziehungskraft Adolf Hitlers steht in einem krassen Mißverhältnis zu seiner persönlichen Erscheinung, die alles andere als ansehnlich und einnehmend war. Gleichwohl ist es unbestreitbar, daß Hitler während der ersten zehn Jahre des Dritten Reiches bei der großen Mehrheit der deutschen Bevölkerung außerordentlich populär gewesen ist. Aus Hitlers Lebensgeschichte und seinem persönlichen Handeln läßt sich die „Führergläubigkeit" breiter Bevölkerungskreise schwerlich ableiten. Ebensowenig ist seine politische Ausstrahlung damit zu erklären, daß die Millionen Menschen, die ihm zujubelten, dies auf Grund der Übereinstimmung mit den weltanschaulichen Grundpositionen Hitlers – darunter seinem grenzenlosen Judenhaß und dessen Verknüpfung mit dem Lebensraumgedanken getan hätten. Gerade im Hinblick auf den Rassenantisemitismus hat die jüngere Forschung festgestellt, daß dessen Bedeutung für die Anziehungskraft der NSDAP in ihrer Bewegungsphase relativ gering gewesen ist.

Um die politische Ausstrahlungskraft Hitlers zu erklären, bedarf es weniger des Rückgriffs auf seine Biographie als der Untersuchung des Führerbildes, wie es von den einfachen Leuten und in verschiedenen Schichten der Bevölkerung aufgefaßt wurde. Dieses Führerbild war in vieler Hinsicht abgelöst von der realen Person Hitlers, und es ist daher sinnvoll, dafür den Begriff des Hitler-Mythos einzuführen. Es handelt sich beim Hitler-Mythos um ein doppelseitiges Phänomen: einerseits stellte dessen Ausbildung ein Meisterstück der nationalsozialistischen Propagandisten dar, die an die in völkischen und nationalistischen Kreisen seit dem Ersten Weltkrieg verbreitete Vorstellung von einem „heroischen Führertum" anknüpften und diese mit der Person Hitlers verbanden. Andererseits gingen in den Hitler-Mythos politische und soziale Mentalitäten und Wertvorstellungen ein, die bei Teilen der Bevölkerung eine besondere Empfänglichkeit für die Gestalt eines durch einzigartige Eigenschaften bestimmten Führers hervorriefen. [...]

Der „Führermythos" ist mittels der von Max Weber herausgearbeiteten Kriterien für „charismatisch" begründete Autorität am besten zu beschreiben. Max Weber verstand unter „charismatischer Herrschaft" eine Form der Herrschaftsausübung, die alles andere als den Regelfall darstellte und zugleich relativ instabil war. Sie beruhte auf den in den Augen seiner Gefolgschaft „heldenhaften" Eigenschaften und außerordentlichen Leistungen des „charismatischen" Führers, die einerseits den Beweis seiner besonderen historischen „Sendung", andererseits die Voraussetzung für die an die Person des Führers gebundene Hingabe und Treue der Gefolgschaft darstellte. „Charismatische Autorität" basiert – dies folgt aus Webers Analyse – weniger auf den tatsächlichen Leistungen des Führers als vielmehr auf der Wahrnehmung seiner Führungsqualitäten durch die „Gefolgschaft". „Charisma" ist daher primär ein gesellschaftliches Produkt und nicht notwendig das Resultat der herausragenden persönlichen Begabung eines „charismatischen" Führers. [...]

Für die 13 Millionen Deutschen, die 1932 die NSDAP wählten, symbolisierte die Person Hitlers – quasi chamäleonartig – alle diejenigen Facetten des Nationalsozialismus, die sie als attraktiv empfanden. Seinem öffentlichen Profil nach war Hitler ein Mann aus dem Volke, dessen einfache Herkunft für die Ablehnung sozialer Privilegien und für die Überwindung steril gewordener gesellschaftlicher Formen stand und damit das Nahen einer neuen kraftvollen Gesellschaft suggerierte, in der Tatkraft, Fähigkeit und Leistung den sozialen Aufstieg garantierten. Hitler wurde als hart, kompromißlos, streng und rücksichtslos, als Verkörperung der „wahren deutschen Tugenden" der Tapferkeit, Männlichkeit, moralischen Integrität, Treue und Hingabebereitschaft dargestellt und damit in direkten Gegensatz zur Korruption, Dekadenz und „weibischen" Schwäche der Weimarer Gesellschaft gerückt. Vor allem aber wurde sein öffentliches Image mit dem Begriff des „Kampfes" in Verbindung gebracht: mit dem Kampf des „kleinen Mannes" gegen die „Großen", mit dem „Lebenskampf" der deutschen Nation gegen mächtige innere und äußere Feinde. Den vielen, die noch nicht überzeugt waren, erschien Hitler etwas prosaischer als der Führer einer riesigen und kraftvollen Massenbewegung, die in Anbetracht des zerklüfteten und schwächlichen Weimarer Parteiensystems die einzige Chance zu bieten schien, einen Ausweg aus der Krise zu finden. [...]

Angesichts der Tatsache, daß der NS-Propagandaapparat das Monopol im Bereich der Massenmedien besaß und daß diejenigen, die gegen Hitler eingetreten waren, sich in Haft befanden oder aus Einschüchterung und Angst mit ihrer Kritik zurückhielten, konnte sich der während der ersten beiden Jahre des Regimes hochgezüchtete Führerkult, der bis an die Grenze der Vergötterung reichte, immer mehr durchsetzen.

Kershaw, Ian: Hitlers Popularität. Mythos und Realität im Dritten Reich, in: Mommsen, Hans (Hrsg.): Herrschaftsalltag im Dritten Reich. Studien und Texte, Düsseldorf 1988, S. 24-48, S. 24-32

1 Fasse in eigenen Worten zusammen, Ian Kershaw als „charismatische Herrschaft" beschreibt und erläutere, wie er die Begeisterung/Zustimmung der Menschen für Hitler erklärt.

2 Beurteile Kershaws These von der charismatischen Herrschaft Hitlers, indem du auf die Quellen in M2 Bezug nimmst.

3 Informiert euch über Formen des Personenkults in der Gegenwart und diskutiert in der Klasse, ob ein derartiger „politischer" Personenkult in Deutschland wieder denkbar wäre.

copy

© Wochenschau Verlag

M4 Hitler als Produkt der NS-Propaganda

Propagandaplakat 1932:

Reichspropagandaleitung der NSDAP München.

Propagandaplakat für die Saarabstimmung 1935:

„Gebt mir vier Jahre Zeit", Ausstellung vom 30. April bis 20. Juni 1937, Berlin.

Titelbild: Der Spiegel 5/1964:

Titelbild: Der Spiegel 33/1996:

1. Interpretiere die beiden oberen Plakate.
2. Beurteile, inwiefern diese Plakate als Propaganda zur Verbreitung und Etablierung des „Führerkults" beitrugen und inwiefern man im Sinne Ian Kershaws von der Konstruktion eines Hitler-Mythos sprechen kann.
3. Interpretiere die beiden Titelbilder des Spiegel und vergleiche sie mit den beiden Plakaten. Nimm anschließend Stellung zu der für den Spiegel relativ typischen Darstellung des Themas Nationalsozialismus auf den Titelbildern.
4. Schaut euch den Film „Er ist wieder da" an und analysiert, wie Adolf Hitler dort dargestellt wird und welche Eigenschaften ihm zugeschrieben werden. Überprüft, ob der Hitler-Mythos im Sinne Ian Kershaws hier reproduziert wird, und beurteilt den Film in der Klasse.
5. Diskutiert im Anschluss die Frage, ob man über Hitler lachen darf.

copy

© Wochenschau Verlag

M 1 Götz Aly: Gefälligkeitsdikatatur

In einem Artikel im Spiegel stellt der Historiker Götz Aly die Ergebnisse seines Buches „Hitlers Volksstaat" zusammenfassend dar, in dem er sich mit der Frage beschäftigt, wie es dem NS-Regime gelang, die Zustimmung der Deutschen bis in den Zweiten Weltkrieg hinein aufrechtzuerhalten:

Wer die verbrecherische Dynamik des Nationalsozialismus verstehen will, sollte nicht länger auf Großbanken und Konzerne starren. Die im vergangenen Jahrzehnt modisch gewordenen Studien zur Geschichte einzelner Unternehmen und Institutionen verlieren sich in den merkwürdigsten Details, zur Erklärung des Gesamtgeschehens tragen sie selten bei. Sie lassen die zentrale Frage offen, wie es Hitler gelang, sein höchst labiles Herrschaftsgefüge für zwölf kurze Jahre immer wieder, notdürftig zwar, doch hinreichend zu stabilisieren. Wer die Antwort sucht, tut gut daran, die Perspektive zu wechseln. Das Rätselhafte löst sich auf, wenn man die NS-Herrschaft als Gefälligkeitsdiktatur verstehen lernt.

Zu den Begünstigten zählten 95 Prozent der Deutschen. Sie empfanden den Nationalsozialismus nicht als System der Unfreiheit und des Terrors, sondern als Regime der sozialen Wärme, als eine Art Wohlfühl-Diktatur. Sozialreformen, eine für den kleinen Mann rücksichtsvolle Steuerpolitik und die vielfach – oft auf Kosten anderer – gebotenen Möglichkeiten des Aufstiegs sorgten für steigende oder zumindest konstante Werte auf dem politischen Stimmungsbarometer. [...] Gegen den Widerstand der alten Eliten, insbesondere auch der Generalität, sorgten Hitler und seine Gauleiter für den Abbau der sozialen Schranken. Sie versprachen, sie „immer mehr einzureißen". [...] Parallel dazu schuf die NS-Regierung eine für die meisten Deutschen angenehme kriegssozialistische Umverteilungsgemeinschaft. Die materiellen Mittel dafür bezog sie aus zwei Quellen: Zum einen wurde den wohlhabenden Deutschen genommen und den wenig oder nur durchschnittlich Bemittelten gegeben; zum anderen, und das in höherem Maß, flossen die Gelder von beraubten „Fremdstämmigen" – den enteigneten Juden Europas, den Zwangsarbeitern, den Angehörigen unterworfener Völker – zu den gehätschelten Volksgenossen.

Gekauftes Volk

Sozialpolitische Maßnahmen der NSDAP

- Kostenloser Besuch höherer Schulen
- Familienbeihilfe für Soldaten
- Steuerklasseneinteilung und Ehegattensplitting
- Kindergeld
- Schuldnerschutz für „Arier"
- Keine direkte Kriegssteuer für Arbeiter, Bauern, einfache Angestellte, niedere Beamte
- Befreiung von Steuern und Sozialabgaben bei Zuschlägen für Nacht-, Sonn- und Feiertagsarbeit
- Rentenerhöhung von 15 Prozent
- Krankenversicherung für Rentner

Beide Beschaffungstechniken zugunsten der Staatskasse setzte die NS-Regierung ansatzweise schon vor dem Krieg mit Erfolg ein. So verdoppelte sie mit dem Beginn der forcierten Aufrüstung die Körperschaftssteuer zwischen 1936 und dem ersten Kriegsjahr stufenweise von 20 auf 40 Prozent. In ihrem Jahresbericht für 1938 vermerkten die Demoskopen des SD: „Besonders auf die Arbeiterschaft macht die Erhöhung der Körperschaftsteuer einen günstigen Eindruck." Sie werde als Zeichen dafür verstanden, dass die „Kosten des Wiederaufbaus durch eine gerechte Lastenverteilung" aufgebracht und „die hohen Gewinne der großen Gesellschaften entsprechend herangezogen" würden.

Deutlich stärker „herangezogen" wurden bald auch die deutschen Juden. Die nach dem November-Pogrom von 1938 verfügte sogenannte Judenbuße von einer Milliarde Reichsmark erhöhte die Staatseinnahmen um mehr als sechs Prozent. Zusammen mit den Erträgen aus der Reichsfluchtsteuer und den staatlichen Arisierungserlösen machte sie im Reichshaushalt 1938/39 rund zehn Prozent des Gesamtaufkommens an Steuern und Abgaben aus. Warum die willkürliche Zwangsabgabe zu Lasten einer kleinen, insgesamt keinesfalls besonders wohlhabenden Bevölkerungsgruppe genau zu diesem Zeitpunkt verhängt wurde, erschließt sich aus dem offiziellen Jahresrückblick des Finanzministeriums für 1938. Ausgerechnet für den Monat November heißt es dort: „Dass das Reich zahlungsunfähig wurde, stand unmittelbar bevor." Die „Deutsche Steuer-Zeitung" merkte an: Die „Judenvermögensabgabe fließt ausschließlich dem Reiche zu, das es für seine allgemeinen Aufgaben und damit zum Wohl des gesamten deutschen Volkes verwenden wird". Der SD notierte: Anders als das Pogrom selbst hätten die „Sühnegesetze in der Bevölkerung überall Anklang gefunden". [...] Der Nationalsozialismus bezog seine verführerische Kraft nicht aus der speziellen Nähe zum großen Geld, sondern aus der insgesamt sozialstaatlich ausgelegten Kombination von Rassen- und Klassenpolitik. Mit materieller Umverteilung verbunden, senkte die NS-Führung die Klassengrenzen im Inneren – während sie die Rassen- und Nationalitätengrenzen nach außen erhöhte und gleichzeitig für räuberische Zwecke durchbrach. In dieser Mixtur vereinigten sich die Ideen nationaler und sozialer Homogenisierung. Die beiden im 19. Jahrhundert entwickelten, historisch oft als Gegensatz ausgeprägten Varianten des Gleichheitsgedankens gingen in Deutschland eine virulente, mehrheitsfähige, in den Konsequenzen völkermörderische Verbindung ein. [...]

Der sozial ausgleichende Egalitarismus des nationalen Sozialismus ließ die Sympathiewerte des NS-Regimes im Inneren immer wieder steigen. Er stärkte die Macht Hitlers und setzte jene Energien ungebremst frei, die zum ungeheuerlichsten Raub- und Vernichtungskrieg der modernen europäischen Geschichte führten.

Aly, Götz: Die Wohlfühl-Diktatur, in: Der Spiegel 10/2005.

copy

© Wochenschau Verlag

M2 Adam Tooze: Mobilisierungsdidaktur

Das Buch von Götz Aly löste eine Debatte aus, in der sich auch der britische Historiker Adam Tooze zu Wort meldete:

Der plötzliche Aufstieg des amerikanischen Kapitalismus untergrub die alte Ordnung nicht nur von außen, in machtpolitischer Hinsicht, sondern auch von innen, durch die Destabilisierung der alltäglichen Lebenserwartungen. Wie antwortete der Nationalsozialismus auf diese Herausforderung? Mit einer „Gefälligkeitsdiktatur", die nur die „reichen Volksgenossen", die Juden und das Ausland zur Kasse bat? Nein, er antwortete mit einer volkswirtschaftlichen Mobilisierung sondergleichen. Trotz erdrückender außenwirtschaftlicher Probleme schaffte es Hitlers Regime zwischen 1933 und 1939, den Anteil der Rüstung am deutschen Volkseinkommen von weniger als einem Prozent auf mehr als 20 Prozent zu heben. In der Geschichte nichtstalinistischer Volkswirtschaften war das eine einzigartige Leistung. Und dieser Mobilisierungsvorteil des „Dritten Reiches" wurde gegenüber allen westlichen Ländern bis zum Ende des Zweiten Weltkrieges behauptet.

Die Anstrengung ging, ganz unabhängig vom Modus der Finanzierung, direkt auf Kosten der deutschen Wirtschaft, und zwar in Gestalt von verringertem Konsum und vernachlässigten zivilen Investitionen. Bis 1938 war der unmittelbare Außenbeitrag unbedeutend, wenn man vom internationalen Schuldenmoratorium absieht, das Aly nicht einmal erwähnt. Als sich durch den „Anschluss" Österreichs und die anschließenden Eroberungen neue Möglichkeiten ergaben, wurden sie, so gut es ging, ausgenutzt. Aber Alys Behauptung, dass der größte Teil der Kriegskosten durch die Ausplünderung der besetzten Länder, der Juden und der Zwangsarbeiter finanziert wurde, ist eine Übertreibung.

Das „Dritte Reich" behauptete sich gegen seine Gegner nicht als Gefälligkeitsregime, sondern als Mobilisierungsdiktatur. Das aber steigert nur den Erklärungsbedarf. Wie konnte eine so fordernde Diktatur so populär sein? Aly weicht der Frage aus. Er spielt die Ansprüche des Regimes herunter.

Unbestritten ist, dass die NS-Diktatur in ihren Forderungen an die deutsche Bevölkerung geschickter vorging als das Kaiserreich. Aber die Steuergeschenke und die verschiedenen sozialen Wohltaten zählten wenig gegenüber den Ansprüchen der Rüstungsmaschinerie. Der Staat gab weniger zurück, als er nahm. Die Aussicht auf künftige Beute aus dem Ausland trug sicherlich dazu bei, die Stimmung zu heben.

Aly unterschätzt aber die Popularität Hitlers, vor allem aber unterschätzt er die Popularität der Rüstung. Die Wehrmacht war für das NS-Regime nicht nur ein äußeres Machtmittel, sie war auch eine der größten „Errungenschaften" des Nationalsozialismus – ungeheuer teuer und zugleich auch außerordentlich beliebt, und, wie der Krieg zeigte, von einem breiten gesellschaftlichen Konsens getragen. Die Aufrüstung warf natürlich materielle Vorteile ab, für Kapitalisten wie auch für „einfache Deutsche". Gleichzeitig befriedigte die Aufrüstung ideologische Bedürfnisse; ein wieder erwachter Militarismus war die eigentliche Antwort des Nationalsozialismus auf die Herausforderung des amerikanischen way of life.

Gegenüber der kollektiven Freude an der real existierenden Luftwaffe und den strammen jungen Männern in ihren braunen Uniformen verblasste die Enttäuschung über anhaltende Wohnungsnot und eingeschränkten Konsum. Mit dem Aufbau einer starken Wehrmacht und der Revision des Versailler Vertrags war für viele die Welt wieder in Ordnung. Nichts war für Hitlers Legitimation wichtiger als die außenpolitischen Erfolge der dreißiger Jahre, die mit den Siegen in Polen und Frankreich ihren Abschluss fanden.

Auch die Ausdauer des Regimes nach 1942 erklärt sich vor allem aus dem verzweifelten Zusammenhalt zwischen der kämpfenden Front und der Heimat – und nicht, wie Aly meint, aus den sozialpolitischen Wohltaten. Der gesamtgesellschaftliche Militarismus, ein hoch komplexes Geflecht aus Emotionen, Ideologemen und materieller Umverteilung, bildete den wirklich tragenden Pfeiler von Hitlers Regime. Mit Alys irreführender Formel der „Gefälligkeitsdiktatur" lässt sich dieser Zusammenhang auch nicht annähernd erfassen.

Tooze, Adam: Stramme junge Männer in braunen Uniformen, in: Die Zeit 18/2005.

copy

1. Arbeite aus dem Text heraus, wie Götz Aly das Verhältnis zwischen dem NS-Regime und der Bevölkerung erklärt.
2. Arbeite heraus, wie Adam Tooze Alys Erklärungsansatz beurteilt.
3. Nimm auf der Grundlage der bisherigen Arbeitsergebnisse Stellung zu den beiden Historikerurteilen.

© Wochenschau Verlag

M „Der Unterschied"

„Autoritärer Tatendrang ist: alle ziehn an einem Strang. Das Leitmotiv der Demokratien ist: gegenseitig Tau-Ziehen.":

Garvens, Oskar: Der Unterschied, Kladderadatsch, 5. Februar 1939.

1 Interpretiere die Karikatur. Gehe dabei besonders auf das Gesellschaftsmodell der Volksgemeinschaft ein.

copy

© Wochenschau Verlag

Literatur

Aly, Götz: Hitlers Volksstaat. Raub, Rassenkrieg und nationaler Sozialismus, Frankfurt/M. 2005.
Bajohr, Frank/Wildt, Michael (Hrsg.): Volksgemeinschaft. Neue Forschungen zur Gesellschaft des Nationalsozialismus, Frankfurt/M. 2012.
Frei, Norbert: 1945 und wir. Das Dritte Reich im Bewusstsein der Deutschen, München 2005.
Frei, Norbert: Der Führerstaat. Nationalsozialistische Herrschaft 1933 bis 1945, München 2001[6].
Friedländer, Saul: Das Dritte Reich und die Juden, Bd. 1.: Die Jahre der Verfolgung 1933-1939, München 1999.
Föllmer, Moritz: „Ein Leben wie im Traum". Kultur im Dritten Reich, München 2016.
Gellately, Robert: Hingeschaut und weggesehen. Hitler und sein Volk, Stuttgart 2002.
Gross, Raphael: Anständig geblieben. Nationalsozialistische Moral, Frankfurt/M. 2012.
Kershaw, Ian: Der Hitler-Mythos. Führerkult und Volksmeinung, München 2002.
Kershaw, Ian (Hrsg.): Der NS-Staat. Geschichtsinterpretationen und Kontroversen im Überblick, Reinbek 1999.
Mommsen, Hans (Hrsg.): Herrschaftsalltag im Dritten Reich. Studien und Texte, Düsseldorf 1988.
Niethammer, Lutz (Hrsg.): „Die Jahre weiß man nicht, wo man die heute hinsetzen soll". Faschismuserfahrungen im Ruhrgebiet, Bonn 1986[2]. Vom Ende der Weimarer Republik bis zum Zweiten Weltkrieg, Wuppertal 1981.
Roth, Markus: „Ihr wisst, wollt es aber nicht wissen". Verfolgung, Terror und Widerstand im Dritten Reich, München 2015.
Rathenow, Hanns-Fred/Wenzel, Birgit/Weber, Norbert H. (Hrsg.): Handbuch Nationalsozialismus und Holocaust. Historisch-politisches Lernen in Schule, außerschulischer Bildung und Lehrerbildung, Schwalbach/Ts. 2013.
Schanetzky, Tim: „Kanonen statt Butter". Wirtschaft und Konsum im Dritten Reich, München 2015.
Schlag, Thomas/Scherrmann, Michael (Hrsg.): Bevor Vergangenheit vergeht. Nationalsozialismus und Rechtsextremismus in einem zeitgemäßen Politik- und Geschichtsunterricht, Schwalbach/Ts. 2005.
Schmiechen-Ackermann, Detlef (Hrsg.): „Volksgemeinschaft": Mythos, wirkmächtige soziale Verheißung oder soziale Realität im Dritten Reich? Propaganda und Selbstmobilisierung im NS-Staat, Paderborn 2012.
Schoenbaum, Michael: Die braune Revolution. Eine Sozialgeschichte des Dritten Reiches, Köln 1968.
Süß, Dietmar/Süß, Winfried (Hrsg.): Das „Dritte Reich". Eine Einführung, München 2008.
Thießen, Malte: Zeitgeschichtsunterricht als Aufgabe. Impulse zeithistorischer Forschungen für einen kompetenzorientierten Geschichts- und Politikunterricht, in: Geschichte für heute 7 (2014), H. 3, S. 20-31.
Thamer, Hans-Ulrich/Erpel, Simone (Hrsg. im Auftrag der Stiftung Deutsches Historisches Museum, Berlin): Hitler und die Deutschen. Volksgemeinschaft und Verbrechen, Dresden 2010.
Tooze, Adam: Ökonomie der Zerstörung. Die Geschichte der Wirtschaft im Nationalsozialismus, Berlin 2007.
von Reeken, Dietmar/Thießen, Malte (Hrsg.): „Volksgemeinschaft" als soziale Praxis. Neue Forschungen zur NS-Gesellschaft vor Ort, Paderborn 2013.
Welzer, Harald: Die Deutschen und ihr „Drittes Reich", in: APuZ 14-15 (2007), S. 21-28.
Welzer, Harald/Moller, Sabine/Tschuggnall, Karoline: „Opa war kein Nazi". Nationalsozialismus und Holocaust im Familiengedächtnis, Frankfurt/M. 2015[9].
Wildt, Michael: Volksgemeinschaft als Selbstermächtigung. Gewalt gegen Juden in der deutschen Provinz 1919 bis 1939, Hamburg 2007.
Wildt, Michael: „Volksgemeinschaft", Version: 1.0, in: Docupedia-Zeitgeschichte, 3.6.2014, http://docupedia.de/zg/.

Quellenbände und Unterrichtsmaterialien

Bergmann, Klaus/Schneider, Gerhard: Alltag im Nationalsozialismus (1933-1939), Stuttgart 1986.
Elz, Wolfgang/Erbar, Ralph: „Ihr seid das Deutschland der Zukunft". Schule im frühen Nationalsozialismus (1934-1936) am Beispiel des Mainzer Adam-Karrillon-Gymnasiums. Edition eines Klassentagebuches und Anregungen zur unterrichtspraktischen Umsetzung, Bad Kreuznach 2008.
Focke, Uwe/Reimer, Uwe: Alltag unterm Hakenkreuz. Wie die Nazis das Leben der Deutschen veränderten, Reinbek 1979.
Heuer, Christian/Pandel, Hans-Jürgen/Schneider, Gerhard: Der Nationalsozialismus. Aufstieg und Gleichschaltung, Berlin 2010 (Unterrichtseinheiten: standardbasiert und kompetenzorientiert, Bd. 1).
Heuer, Christian/Pandel, Hans-Jürgen/Schneider, Gerhard: Der Nationalsozialismus. Krieg und Befreiung, Berlin 2010 (Unterrichtseinheiten: standardbasiert und kompetenzorientiert, Bd. 2).
Heuer, Christian/Pandel, Hans-Jürgen/Schneider, Gerhard: Der Nationalsozialismus. Ausgrenzung und Vernichtung, Berlin 2010 (Unterrichtseinheiten: standardbasiert und kompetenzorientiert, Bd. 3).
Hey, Bernd/Pohl, Karl Heinrich/Radkau, Joachim: Weimarer Republik und Nationalsozialismus (Historisch-Politische Weltkunde), Stuttgart 2010.
Hofer, Walther: Der Nationalsozialismus. Dokumente 1933-1945, Frankfurt/M. durchges. Aufl. 1967.
Jäger, Wolfgang: NS-Herrschaft. „Volksgemeinschaft" und Verbrechen (Kurshefte Geschichte), Berlin 2013.
Lange, Thomas/Steffens, Gerd: (Hrsg.): Der Nationalsozialismus. Bd. 1: Staatsterror und Volksgemeinschaft, Schwalbach/Ts. 2009.
Lange, Thomas/Steffens, Gerd (Hrsg.): Der Nationalsozialismus. Bd. 2: Volksgemeinschaft, Holocaust und Vernichtungskrieg 1939-1945, Schwalbach/Ts. 2011.
Michalka, Wolfgang (Hrsg.): Deutsche Geschichte 1933-1945. Dokumente zur Innen- und Außenpolitik, Frankfurt/M. 2002.
Petzina, Dietmar/Abelshauser, Werner/Faust, Anselm (Hrsg.): Sozialgeschichtliches Arbeitsbuch Bd. III: Materialien zur Statistik des Deutschen Reiches 1914-1945, München 1978.
Pfändtner, Bernhard/Möller, Silke: Nationalsozialismus (Buchner Kolleg Geschichte), Bamberg 2008[2].
Wunderer, Hartmann: Ideologie und Herrschaft des Nationalsozialismus, Stuttgart u. a. 2008.

copy

© Wochenschau Verlag